D1705518

Doris Stößlein

Eine Reise in Nordböhmens Vergangenheit

Ein Brüxer kehrt heim

Doris Stößlein

Eine Reise in Nordböhmens Vergangenheit

Ein Brüxer kehrt heim

ROMAN

Helmut Preußler Verlag · Nürnberg

ISBN 3-934679-11-0
© 2004 by Helmut Preußler Verlag
Satz und Gestaltung: Preußler Verlag
Druck: Preußler Druck + Versand GmbH

INHALT

Vorwort

Dreh- und Angelpunkt dieser Erzählung (Geschichte) ist die Verschiebung der Stadtkirche in Most, dem ehemaligen Brüx in Nordböhmen im Jahre 1975. Der Dom aus der Spätgotik wurde von der UNESCO zum Weltkulturerbe erklärt. Amerikanische und tschechische Wissenschaftler machten dieses Kabinettstück mit Hilfe der damals vorhandenen Technik auf dem Gebiet der Hydraulik möglich.

Dieses einmalige Schauspiel, wie sich eine Kirche, ein solches kompaktes Bauwerk, über die Nordböhmische Senke bewegt, oder wie es bewegt wird, wird zum erstenmal literarisch in diesen Texten eingebunden. Das einmalige Phänomen einer Verschiebung, diese Transaktion in einer solchen Größenordnung, die kilometerlange Großbaustelle über zerschundene Areale und Felder hinweg, ist in der Geschichte dieser Stadt Brüx/Most von großer Bedeutung. Die Dekanalkirche bewegte sich also mit einer Geschwindigkeit von circa zwei Zentimetern pro Minute. Und einzigartig steht diese technische Leistung in der Geschichte der Architektur da. Verschweigen sollte man diese Tortour nicht. Die Verschiebung war um etwas mehr als 800 Meter gelungen.

Der pensionierte Beamte, der derzeitige Schriftsteller Edgar M.N., der als Kind mit seiner Mutter 1945 nach Kriegsende auf Grund der Beneschdekrete aus seiner Sudetendeutschen Heimat vertrieben worden ist, kommt nach langen Jahren zurück und findet ein vollkommen verändertes Land vor. Schon kurz nach der Grenze muß er Nichterfreuliches erleben. Wenige Kilometer nach dem berühmten Karlsbad, dem heutigen Karlovy Vary, beginnt er unterwegs mit den ersten ungefähren Aufzeichnungen, versucht einen Romananfang zu finden. Und er vermerkt, warum er das vorerst handschriftlich unternimmt.

„Denn nur die Bilder sind geblieben".

Und ähnliche Sätze zeigt der Entwurf auf. Dieser Satz, dieser erste ist so zweideutig wie vieles weitere, was noch folgen wird. Eigentlich sollte er eher eine Reportage als einen neuen Roman schreiben. Aber eine Reportage würde die Triebfeder seiner Intensionen nicht ausfüllen, nicht wiedergeben können.

Er überläßt es ganz dem Leser, die eigene Sinnfindung des Satzes, „Denn nur die Bilder sind geblieben" im Verlauf der Geschichte zu erspüren.

Der gesamte Reiseablauf steht für ihn unter einer hohen nervlichen Anspannung. Nervöse Erschütterungen folgen Schritt auf Schritt. Unerwartetes lauert ihm auf. Nicht ohne Grund recherchiert er wegen des Herkunftsnachweises eines seiner Familienangehörigen. Eine Liebhaberei von ihm. Oder eine Notwendigkeit? Eine solche schon eher. Die Auskunft benötigt er für seine reichhaltige Familienchronik, welche er in all den Jahren mit den verschiedensten Dokumenten angelegt, archiviert und nicht ohne Grund zusammengetragen hat. Er erhofft sich die Auskunft und die Lösung des Falles, seines persönlichen Falles in alten Geburtenregistern, in den Kirchenbüchern dieser nicht mehr vorhandenen Stadt Brüx zu finden. Man hat die Bücher ausgelagert. Mehr weiß er nicht. Und er wird schließlich fündig werden mit der Hilfe eines Angestellten in der Geburtsstadt seiner Mutter, der Nachbarstadt Oberleutensdorf, dem heutigen Litvinov am Fuße des Erzgebirges. Kein leichter Weg bis dahin.

Der Schriftsteller Edgar M.N. ist kein anderer als der kleine Junge Edgar aus meinem vorangegangenen Erinnerungsroman. Nicht ohne Absicht ist er das jüngste Glied in der Kette der Romanfiguren mit dem Titel „Silberkreuze am Himmel", (Universitas Verlag, München, 351 Seiten).

Er hat nämlich als Bub eine nicht unwesentliche Rolle in dieser umfangreichen Geschichte gespielt. Hier findet er als Hauptfigur sein neues Aktionsfeld.

Also: ein Romananfang in einer Erzählung?

In der neuen Stadt, die jetzt Most heißen muß, findet der Schriftsteller die im Jahre 1975 verschobene Stadtkirche auf einem weitabgelegenen Areal am Rande der Stadt wieder. Um hineinzukommen, soll er Eintritt bezahlen. Er zahlt nicht. Durch die Hallenkirche wird ihm eine Führung angeboten, obwohl er keine benötigt. Für ihn spielt auf der kleinen Orgel eine Organistin Bach. Er konstatiert, dass wesentliche Gegenstände von vordem nicht mehr da sind. Den großen mehrstöckigen Leuchter vor dem Altar und das gotische Schnitzwerk des „Kindleins im Feuer" sucht er vergebens. Ein Traum löst seine nervliche Verspannung. Er erinnert sich in diesem Zusammenhang an eine Seance, als er noch ein Kind von acht Jahren war.

Das große Thema aber, welches diesem Buch zugrunde liegt, und das sich durch alle Kapitel dominant hindurchzieht, ist die Darstellung der Gefühlswelt eines Zurückkehrenden in seine Heimat. In ihr erkennt man die treibende Kraft. Was da alles in Aufruhr gerät, welche Emotionen, welche Stürme losbrechen, was sich von ihm losreißt und schließlich unkontrolliert oder ungeordnet sich seinen Weg bahnt und an die Oberfläche drängt: Enttäuschungen, Verletzungen, Hoffnungen, Überraschungen, Missverständnisse überall, und die wenigen Momente des Glücks.

Das hat Gültigkeit für alle, welche nach Jahrzehnten gewillt waren, ihre Heimat aufzusuchen. Das gilt genauso für die 3 Millionen vertriebenen Sudetendeutschen, denen das gleiche Schicksal widerfahren ist. 246.000 Sudetendeutsche aus Böhmen und Mähren haben erst gar nicht die neue Heimat in Deutschland betreten dürfen, weil sie von den Tschechen umgebracht worden waren. Man denke auch an die Schicksale Abermillionen Vertriebener aus Ostpreußen, aus Pommern, aus Litauen, aus Schlesien und aus Polen. Es waren zu diesen Zahlen noch 13 Millionen.

Solange es noch Zeitzeugen gibt, sollte man diese darüber in der Öffentlichkeit sprechen lassen. Es ist überhaupt nicht verkehrt, wenn der Erlebnisgeneration erlaubt wird, der Erbengeneration und der Öffentlichkeit die bereits jetzt zur Geschichte gewordenen Tatbestände der Vertreibung und deren traumatische Auswirkungen auf die betroffenen Menschen in schriftlicher Form mitzuteilen. Es sind Dokumente.

Die Autorin
Fürth, den 11. April 2004

ERSTER TEIL

Im Schatten der Burg

Auch wenn ihr es nicht glaubt,
die Erde liebt das Salz.

Soeben hatte er die Grenze passiert.

Viel Grün um ihn herum, leuchtendes. Eine klare Luft. Kein grauer Streifen Niemandsland war weit und breit in Sicht, wie es die Vorstellung bei Grenzübergängen hervorbringt. Und am Straßenrand ein altes Hinweisschild vorn zugespitzt aus Tannenholz: Nach K. Vary.

Er fuhr zum ersten Mal diese Strecke ab. Dem Wagen ließ er freien Lauf. So gut wie kein Verkehr. Geradeaus, nur weiter. Recht flaches Gelände. Gebüsch, Obstbäume, warme Ackererde. Das Land roch gut. So die Region durchquerend und dazu wohlbemerkend, dass er nicht die übliche Grenzmarke durchfahren hatte, bei welcher LKWs wie PKWs oft stundenlange Warteschleifen auf sich zu nehmen hatten. Es schien eine Nebenstrecke zu sein, ein Nebenland ohne Bedeutung mit Weideland, mit Wolken, die der Westwind darüber trieb wie pralle Schiffe.

Ab und zu wurde er von kleineren Wagen überholt, er genoß es, sich überholen zu lassen. Er hatte Zeit. Es waren PKWs mit tschechischen Nummernschildern, sogar solche mit dem neuen Europakennzeichen waren darunter, Kennzeichen dieser neuen Prägung in Blau mit weißen Sternchen. Denn sie gehören jetzt zu Europa wie Malta, wie Polen, wie Zypern und noch andere östliche Staatengebilde. Viele fragen nach dem Warum. Auch heute noch.

Daß dieses Grenzland um Eger und Hof herum noch so grün erschien, so tiefsattgrün, obwohl es der Herbst bereits in Beschlag genommen hatte, verwundert ihn. Er hielt an, öffnete die Wagentür mit Vorsicht und zog die frische Luft in vollen Zügen ein. Fast war es eine andere Luft, wie er meinte, als die, die er gewohnt war. Seine Phantasie gaukelte ihm unnachahmlich und trügerisch vor, hier hätte bereits die Heimatluft zu strömen begonnen. Die würzige Luft der Bergtannen und der Eichen. Die Luft, welche von den heimatlichen Höhenrücken herabgleitet. War es nicht so? Nein, er nahm sich zusammen, begann damit unvoreingenommen die Umgebung zu taxieren, welche um keinen Deut anders aussah, als woanders. Aber in der Ferne, das war nicht zu leugnen, baute sich im Norden ein Gebirgszug auf, fein bläulich abschattiert, ätherisch kühl, in etlicher Entfernung zwar nur als ein Hauch von einem Gebirge wahrnehmbar, jedenfalls der Anfang von dem, wo er Kilometer weiter entfernt geboren worden war, weit östlicher. Vor fast sechzig Jahren. Er verharrte wie versteinert in einem Raum, in einer vom Fluß der Zeit gezeichneten Landschaft. Eine magische Dimension, in welche er sich freiwillig begeben hatte, und in der er sich schließlich gedanklich verfangen zu haben glaubte. Und es gibt sie wirklich, es gibt diese magischen Orte, und sie sind etwas Besonderes, wie man weiß. Es gibt sie in allen Erdteilen, in den entferntesten Winkeln der Welt. Der Mensch hat sie Kraft seiner Vorstellung dazu gemacht. Und so wird es sie weiterhin geben.

Ein Auto hielt neben ihm an. Nur wenige Meter entfernt von seinem Mercedes. Eine Frau um die Vierzig steigt aus. Er meint, sie hätte eine Panne und brauche seine Hilfe. Sie spürt seine Hilflosigkeit. Sie fragt zuerst auf Tschechisch, ob er sich wohl in dieser unübersichtlichen Region verfahren hätte, und ob sie ihm helfen könnte, und auf welche Weise. Sie erfasste sogleich, dass er ihre Sprache nicht verstand und wiederholte in deutscher Sprache kaum ohne Akzent ihre Worte. Ihre Stimme klang weicher dadurch. Denn man hatte hier das Deutsche nie verlernt. Auch jetzt nicht nach sechzig Jahren. Er war erstaunt über ihre klaren Sätze und zeigte es auch.

Diese Randlandschaft war immer noch so wie früher. Keine harten Schicksale, kein Spiegel neuer Gesetzesentwürfe hatten diesen Grenzraum verändert. Vielleicht eine Art Vacuum? Man rührt nicht gern daran. Kein Naturereignis war darüber hinweggefegt. Hier jedenfalls nicht. Dafür war die Region zu allen Zeiten geschichtlich zu unbedeutend gewesen.

Trotzdem, er fühlte sich überwältigt. Aufkommende Gefühle. Diffuse Erwartungen. Nur Emotionen? Nur noch wenige Kilometer bis zu seiner Heimat. So ist es doch? Was ist es eigentlich? Schätzungsweise siebzig bis fünfundsiebzig. Und bis er zu sich zurückfand, war die Frau mit ihrem Wagen längst verschwunden. Sie hatte ihn stehengelassen. Nicht einmal das Motorengeräusch hatte er vernommen, auch nicht das Klickklack der Tür, wie sie die Tür zuschlug, den Wagen anließ und davonfuhr.

Sie war also weg. Er versuchte sich zum Denken zu zwingen. Er schaute auf die Uhr. Im Rückspiegel erschien ein anderer PKW. Der fuhr hupend vorbei. Er winkte. Niemand winkte zurück. Für ein paar Augenblicke verlor er den Anschluß zu seiner zurückliegenden, bereits gelebten Zeit. Er fühlte, es existiere noch eine andere Präsensform neben ihm. Eine andere Art Parallelität. Dafür tauchen alte, ungewohnte Bilder aus seiner Kindheit auf, fast zwanghaft, von damals, als er acht Jahre alt war und dort zur Schule ging. Ein Vorgang, ein filmähnlicher Nachtrag begann sich vor ihm abzuspulen. Auch Geräusche sind dabei, typische, schnarrende Töne, welche dorthin gehörten. Wurden jetzt diese Menschen von damals zu Kunstfiguren, die wie aus dem Nichts allein nur für ihn aufstiegen, gefiltert durch das Phänomen, welches man unter dem Sammelbegriff „Erinnerung" bezeichnet? Wie real treten diese Menschen ihm entgegen? Eher, wie irreal geben sich diese Personen? Wie viele Stufen von Realitäten gibt es? Sind sie zahllos? Nicht mit Worten zu benennen? Ist das Erinnern ein Geschenk unseres Bewusstseins? Können wir den Bildern entkommen? Auch noch so verflossenen?

Wie von einem zweiten Willen beseelt sitzt er bereits im Wagen, die Hände längst am Steuer. Ist es eher Erwartung oder eher Furcht? Fest umschließt er das Lenkrad, als ob er sich anhalten müsste. Automatisch dreht die Hand den Zündschlüssel im Schloß. Büsche ziehen wie selbsttätig an seinen Augen vorüber, tun, als bewegten sie sich zusammen mit ihren Schatten. Nehmen die Straße mit sich fort. Er erfasst, fühlt nur ganzheitlich. Eine verschwommene grünliche Masse. Als er als Kind weinte, sah das alles genau so aus. Eine Tränenstraße ließ alles ineinander schwimmen. Nur noch wenige Kilometer, sagt er sich. Er sagt das laut. Er beruhigt sich selbst. Die Straße liegt vor ihm wie ein bläuliches Band zwischen tiefen Straßengräben. So sieht fast überall eine Straße aus. An dem Hinweisschild Karlovy Vary fährt er vorbei. Dieses ist viel größer, bedeutender, neueren Datums als das bereits passierte. Auch in diesem Land versucht man mit übersichtlichen Straßenschildern den Anschluß an die Zukunft Europas nicht zu versäumen. Es schien, dass endlich die nervliche Erschütterung von ihm gewichen wäre. Er fährt geradeaus. Hält auf den Osten zu. Er wusste nicht, wie es geschah, aber plötzlich leitete ihn ein Verkehrsschild nach rechts, dem er gehorchte abzubiegen, und er geriet so auf eine in doppelter Richtung befahrene Hauptstraße, eher auf eine Art Autobahn oder Schnellstraße, wie er sie von Bayern her kennt. Er wunderte sich über die Verkehrsdichte. Zum Überholen gebrauchte er jetzt seine volle Aufmerksamkeit. Lastkraftwagen hinter Lastkraftwagen, auch Schwertransporter. Am Straßenrand junge Frauen in kurzen auffällig schrillen Textilien gekleidet. Er hält an, um nach etwas zu fragen. Er meinte sich nach einem Gasthaus in der Nähe erkundigen zu müssen, nur um zu essen, gut zu essen, um einwenig auszuruhen. Das Mädchen schrie ihn an, auf tschechisch, auf deutsch hinterher, wütend, sie habe kein Gasthaus, nur Liebe, Liebe, gab ihm einen Stoß in den Bauch, sodaß er zurück auf den Wagensitz fiel. Die anderen Frauen zeigten etwas mit ihren Fingern. Das sah nicht einladend aus, eher war diese Geste als eine symbolische Beleidigung gemeint, als eine Drohung sogar, meinten sie doch durchaus damit etwas höchst Obszönes andeuten zu müssen.

Nach diesem Empfang versuchte er nach einer Ausfahrt zu suchen. Herunter von der Straße des Lasters. Aber da kam nur nach beiden Seiten Wald auf. Tiefgrüner Nadelwald, Gestrüpp, dazwischen Eichen, auch wirres Gesträuch. Er erinnert sich an damals. Der Wald war also noch da. Wald, so weit der Blick reicht. Die leichtbekleideten Damen waren verschwunden. Die Straße hatte sich verengt. An den Rändern geweißte Randsteine.

Es war nur so ein Blitz von einem Gedanken, der ihn aufmerken ließ, so schnell wie möglich zurück über die Grenze seinen Heimweg anzutreten. Sogleich verwarf er seine Gedankensprünge wieder, schalt diese als unvernünftig, letztlich sogar als feige. Er lehnte sich im Wagensitz gemütlich zurück und redete sich ein, wie einfach, wie unkompliziert es heutzutage sei, nach Tschechien einzureisen, ins Land der Burgen und der Schlösser. Es sei so einfach geworden, wenn man nur alles Schreckliche, alles Dagewesene, alle offenen Wunden der letzten sechzig Jahre vergessen könnte.

Im Rückspiegel tauchten einige PKWs auf, welche ihn zu überholen trachten. Es gibt keine Räuber mehr und auch keine Menschen mit Peitschen, Gummiknüppeln und Maschinenpistolen. Das war einmal. Das war vor vielen Jahren. Diese Zeit ist endgültig vorüber. Als er noch ein Kind war, dort, wo er zu Hause war, aus dem Haus lief, ja, damals, da rannten solche Menschenquäler schreiend umher. Und sie schossen, schossen auf Menschen, zielten auf ihre Nachbarn, auf Zivilisten, sogar feige auf Kinder, falls sie nicht gerade welche zu Tode prügelten.

Er hatte die Zone des Waldes verlassen, den Raum, den der Mythos aus seiner Kindheit mit Leben erfüllt hatte. Schon war das Gebirge im Norden enger an ihn herangerückt. Einzelne Baumgruppen gab es deutlich in der Ferne zu unterscheiden. Wald kam erneut auf. Das Erzgebirge stieg allmählich an, rückte ins Blickfeld als ein grünes Band. Der Keilberg, die höchste Erhebung des Gebirgszuges, müsste der Karte nach bald zu sehen sein, sagte er sich. Und rechter Hand, die Duppauer Berge? Oder waren sie das noch nicht? Es könnte erst das Kaisergebirge sein. Es ist an der Zeit, dass er sich eine neue Landkarte besorgt, murmelt er vor sich hin. Diese neue gibt es sogar zweisprachig. Er fuhr knapp achtzig Stundenkilometer, manchmal schlich er nur noch daher, ließ alle Wagen überholen. Die Strecke war sonst übersichtlich, verlief geradeaus. Die Orte, die Städte gut ausgeschildert, quer über die Fahrbahn hinweg gespannt, fast wie in Deutschland. Sogar eine Brücke hob sich wölbend, dürr und einsam über die Straße. Eine Herde weißer kleiner Wolken stand für Augenblicke über ihr still, tummelte sich in ein italienisches himmlisches Blau hinein.

Bei einem Schild, auf welchem ein Teller mit Essen deutlich abgebildet war, bog er ab. Das Schild war handgemalt. Diese appetitliche Ankündigung kam ihm mehr als gelegen, regte sich doch tief in ihm ein beißender Hunger. Bald zeigte sich die Herberge von ihrer besten Seite. Nach links dehnte sich ein prächtiger Garten. Die Hausfassade des Gasthauses wirkte gediegen. Man servierte ihm drinnen wirklich böhmische Knödel mit Sauerkraut und Schweinebraten. Alles echt. Er saß unter einer schnarrenden Kuckucksuhr, sie war bemalt, er speiste unter dieser uralten Pendeluhr mit Perpendikel, die schweren Eisengewichte in Tannenzapfenform von tiefer Schwärze; unter so einer Uhr, wie sie seine Großmutter in ihrer Küche besessen hatte, hatte er Platz gefunden. Eigentlich besaß Großmutter zwei davon. Denn eine hatte sie über ihrem Bett hängen. Diese war gar wundersam bemalt. Mit leuchtenden Farben mit feinen Pinselstrichen. Unter dem Zifferblatt war ein Wasserfall dargestellt. Großmutter, so erinnerte er sich, liebte es, wie der geschnitzte Vogel mit gespreizten Flügelchen aufgeregt aus seinem Türchen fuhr und seinen Kuckuckschrei in regelmäßigen Abständen auf uns hernieder gluckste. Auch dieser Vogel hatte während Edgars Mahlzeit sein Bestes hergegeben. Die Jahre hatten auf natürliche Weise seine Stimme erheblich mitgenommen. Trotzdem, etwas Vertrautes, etwas Anheimelndes hatte dieses Gekrächze über seinem Kopf an sich. Er nahm ihn als Willkommensgruß.

Er sah sich um. Alles wie aus Großmutters Zeiten. Wo war er hingeraten? Hatten die Zeitläufe dieses kleine Dörfchen neben der Schnellstraße übersehen? Sie hatten es. Der Wandanstrich konnte beileibe nicht als von heute gelten, schon eher von vorvorgestern. Und die Vorhänge zeigten ein uraltes Muster aus Österreichs herrlichen Tagen. Kreuzstiche. Stielstiche. Alles von Hand gemacht. Vom häufigen Waschen waren die Muster ausgeblichen. Er bestellte ein Brüxer Bier. Das hatten sie nicht, seit langem nicht mehr. Weil es das Brüx, diese alte Stadt, nicht mehr gäbe. Aber welches aus Pilsen, ja, Pilsener Bier könne er haben. So viel er nur wolle. So drückte sich jedenfalls die Wirtin aus, welche eine weiße Schürze tragen wollte, es aber aus irgendwelchen Gründen nicht fertig gebracht hatte, die Flecken zu beseitigen. Sie war recht wortkarg gegenüber ihrem einzigen Gast, sagte kaum ein Wort, vielleicht mochte sie sich nicht ertappen lassen, dass sie Deutsch konnte. Trotzdem sparte sie nicht mit einem Lächeln. Es war wie einstudiert. Er bezahlte rasch und verließ diese merkwürdige Gaststube. Die Wirtin hatte die neuen Euro genommen und sich dabei ein Nicken abgerungen. Sie besah sich lange die neuen Münzen auf ihrer Hand. Mit dem Bezahlen lag sie also in der richtigen Zeit. Das musste man ihr lassen. Und sie besah sich das Hartgeld noch immer, als sei es ein neues Weltwunder.

Als er vor die Haustüre trat, gewahrte er, wie sich mehrere Zigeunerkinder, eigentlich Halbwüchsige, an seinem Wagen zu schaffen machten. Einer von ihnen spielte aus Zeitvertreib Mundharmonika dazu. Die anderen waren gerade dabei, mit seltsam gebogenen Instrumenten seine Rückspiegel abzumontieren. Mit einem deftigen Fluch auf den Lippen verjagte er das Gesindel. Den geringfügigen Schaden an seinem PKW konnte er selbst als ehemaliger Autoschlosser an der nächsten Tankstelle reparieren. Das war also der Eindruck, den er von seinen ersten Kilometern nach Böhmen hinein gewonnen hatte. Stehlen ist eine schlimme Sache. Beim Tanken an der nächsten Tankstelle bemerkte er das Fehlen aller vier Verschlusskappen an den Radventilen. Und das war erst der

Anfang der Überraschungen aus den alten Böhmischen Landen.

Der Erzgebirgszug war in eine beträchtliche Nähe gerückt. Wann werden wohl die Hopfengärten beginnen? Die Stoppelfelder, die Bergbaustädte, die Erdlöcher der Tagebaue? Und die Kühltürme der neuen Industrieanlagen? Zum ersten Male tauchten die Städtenamen Chomutov (Komotau) und Most (Brüx) auf. Endlich! Wann wohl wird er von weitem die typische Silhouette der Burg Landeswarte mit der unverkennbaren einmaligen Gestalt des Breitenbergs an seiner Flanke auftauchen sehen? Wann endlich? Wann wird sich der Teplitzer Schloßberg in seinem unverwechselbaren Profil zeigen? Die Stadt, welche er gerade passierte, war Falkenau. Heute heißt die Stadt Sokolov. Jedenfalls befand er sich auf der richtigen Route. Eigentlich gab es entlang des Erzgebirgszugs nur diese eine Hauptstraße, so wie es nur eine einzige Bahnlinie entlang gegeben hatte, vor Jahrzehnten, damals. So hatte er das jedenfalls in Erinnerung. Alles ehemals deutsche Städte.

Nach etlichen Kehren erschien tief unten im Tal zwischen bewaldeten Kuppen, von der Tepl zerteilt und durchflossen, das berühmte Weltbad Karlsbad, heute Karlovy Vary. Die renovierten fein ziselierten Fassaden der Nobelhotels leuchten mit den verschnörkelten Spielen österreichischer Prunkbautenarchitekten, Lieblinge der kaiserlich-königlichen Machtentfaltung, bis hier herauf. Er hielt an, um sich die Theaterkulisse dieser berühmten Stadt, einer ehemaligen Stadt von Welt, nicht entgehen zu lassen. Auf diese Dächer hatten die Alliierten keine Bombe fallen gelassen. Dort trafen unter Jubel am 9. Mai 1945 die ersten amerikanischen Panzer mit friedlichen Absichten ein.

Auch als er schließlich mit seinem PKW an dieser Engstelle als Verkehrshindernis wirkte, fuhren allesamt an ihm hupend vorüber; er rührte sich lange Zeit nicht von der Stelle. Die Aussicht von hier oben hatte es ihm angetan. Sie hatten diese Stadt verschont. Keine Bomben also.

Wolkenfahnen eilten über die Kuppen hinweg, bewegten Schattenfelder über diese Stadt wie in einem alten Gemälde. Stadtteile leuchteten auf. Burg- und Kirchtürme sprangen hervor als lichterfüllte Akzente. Er entschied sich kurzerhand heute nicht in die Stadt hinunterzufahren, vielleicht auf der Rückreise, vielleicht, diese Stadt zu durchwandern und nach geschliffenen böhmischen Gläsern und Granatschmuck Ausschau zu halten, eventuell einen Becherbitter, den berühmten Karlsbader Becherovska mitzunehmen. Ja, zu einem späteren Zeitpunkt würde er dieses als sinnvoll erachten.

✳   ✳   ✳

Der Gedanke, die Rückreise spontan anzutreten, nahm schließlich mit jedem Kilometer ab.

Der pensionierte Beamte Edgar M.N., der sich nach seiner Broterwerbszeit der Schriftstellerei zugewandt hatte, der seit geraumer Zeit an einer zweibändigen Familienchronik arbeitete, versuchte mit dieser Reise sich räumlich dem Zauberland seiner Kindheit anzunähern. Sogar in Archiven Hinweise auf seine Familie zu finden, würde ihm genügen. Allein mit Spuren von Hinweisen würde er sich zufrieden geben. Dank seiner Findigkeit hatte er im Laufe seines Lebens wertvolle Dokumente jeglicher Art zusammentragen können. Schulzeugnisse seiner Vorfahren, Geburts- und Sterbeurkunden, Heiratsbeurkundungen, schon längst ungültig gewordene Personalausweise, Flüchtlingsausweise, Bewerbungsschreiben, Abrechnungen, An- und Abmeldeformulare. Und Fotos jeglicher Art sind darunter, die optischen Zeugnisse einer Sippenvernetzung. Diese Dokumente reichen bis ins Jahr 1780 zurück, eine ansehnliche Zeit. Schließlich handelt es sich nicht nur um eine alte Familiensaga, es geht um keinen bestimmten Adelsnachweis, beileibe nicht, sondern eben nur um einen Reigen verblichener Ahnen der Vollständigkeit halber. Was ihn zu dieser Arbeit im engsten Sinne veranlasst hatte, wusste er selbst nicht zu sagen. Er hatte es eben getan. Aus einem unbestimmten Gefühl heraus. Eine Obsession lenkte ihn dahin und drängt ihn, auf diesem Wege weiter zu forschen. Jetzt tut er, was er schon immer wollte.

Ein Straßenschild kündigt ihm Sankt Joachimstal an. Auf seiner Landkarte ist der alte Name ausgewiesen. Der tschechische prangt am Hinweisschild am Ortseingang. Mit diesem Ortsnamen waren von je her grausige Erinnerungen verbunden. Man sollte sie nicht wecken. Nicht daran rühren. Trotzdem: Gedanken lassen sich nicht so ohne weiteres abschalten. Man hatte nach dem zweiten Weltkrieg dorthin Deutsche zum Radiumabbau ins Bergwerk gezwungen. Ein Todesurteil freilich für diese armen Menschen. Länger als zwei Jahre hielten sie die Arbeit nicht aus. Es war die Radioaktivität, die sie tötete. Edgar M.N. wollte vorbeifahren. Die Gedanken an diese Schicksale ließen ihn nicht so einfach an den Stätten des Grauens vorübergleiten. Er hielt an, um sich Notizen zu machen. Manche Namen fielen ihm ein. Es war, als spräche der Ort zu ihm. Mit einem Bewohner dieses Ortes kam er deswegen ins Gespräch. Es war keineswegs so, dass man über diese Dinge Fremden gegenüber schwieg. Im Gegenteil. Tschechen beginnen endlich zu reden. Es war nicht immer so. Sie rücken mit der Wahrheit heraus, erzählen, was damals mit den Deutschen geschah. Edgar M.N. notierte, und er nimmt sich vor, diese Auskünfte seiner Familienchronik hinzuzufügen. Er würde diese Berichte als „Umfeld der Chronik" bezeichnen. Das wäre ein dritter Band.

Langsam fuhr er wie auf einem sich vorwärts windenden Band in eine andere Dimension seiner Existenz hinein. Die Heimat hielt für ihn etwas Fremdes bereit. Das hatte er nicht erwartet. Nein, das nicht. Er nähert sich Orten, welche eine böse nachkriegerische Vergangenheit aufzuweisen haben. Welche Gräuel sind mit den Städtenamen Komotau und Saaz verbunden! Die Bombennächte, gewiß, die waren es auch, aber was sich in diesen Regionen in den ersten Monaten nach Kriegsende im Jahre 1945 abgespielt hatte, war die Hölle, die an Deutschen vollzogen wurde. Die Täter liegen namentlich in Schwarzbüchern vor, Edgar M.N. kennt diese Namen und ihre Verbrechen aus der Gegenwartsliteratur. Sie gehören der niedergeschriebenen Zeitgeschichte an.

An diesem Abend erreichte er bei Dunkelheit das Hotel, das er von zu Hause aus gebucht hatte. Eine Herberge mit dem Namen Kondum oder so ähnlich stand über der Eingangstür, das Hotel war unmittelbar am Waldrand gelegen. Eigentlich idyllisch oberflächlich besehen. Davor ein geräumiger Parkplatz für die wenigen Besucher dieser düsteren Gegend. Der Parkplatz war das Beste. Nur wenige Schritte, und man befindet sich am Fuße des Erzgebirges. Moose und hochgewachsene Farnstauden laden in den Eichenwald ein. Der steht dräuend da. In den Räumen des Gasthauses ist es ebenfalls düster. Das Essen ist äußerst primitiv, es war fast kalt zu nennen; für die Führung der Gastronomie hat es nicht einmal zu einem Stern gereicht. Er hatte schon viele Herbergen erlebt. Nun, jetzt dachte er im Ernst erneut an Umkehr.

Er hatte die Nacht nicht geschlafen. Das ist nicht verwunderlich. Seine erste Nacht in Tschechien! Er hatte das Gefühl, ein Jemand, ein Unbekannter, stände vor seiner Tür, würde horchen, würde ihn belauschen wollen. Die Geräusche des Waldes, die nächtlichen, das Ästeknacken! Das frühe Pfeifen der Vögel hatte ihn weniger irritiert. Die gehören zum Wald, zur Heimat. Was es war, er konnte es nicht genau ausmachen, jedenfalls war es auch das Gebäude, dieses ungastliche Haus mit seinen vielen leeren Räumen und langen hohlen Gängen. Die Heizung funktionierte kaum, und ach, das Bad war ein schrecklicher Ort. Schon in aller Herrgottsfrühe verließ Edgar das Hotel, setzte sich in seinen Wagen und überlegte, wie es weitergehen sollte.

Er hatte trotz allem längere Zeit im Wagen sitzend verbracht. Schließlich gehörte das Hotel zu Litvinov, dem ehemaligen Oberleutensdorf und dem Geburtsort seiner Mutter. Also fuhr er bedächtig in die Stadt zurück, den langen Berg hinunter. In der Parkanlage im Zentrum der Ortschaft, genauer dieser Kleinstadt, findet er alsbald einen geeigneten Parkplatz. Früher hieß die Anlage Josefsplatz und an Markttagen wurden da, wie er es von seiner Mutter wusste, auf improvisierten Holztischen Gemüse und Obst feilgeboten, selbst Tauben und Hühner, Enten und Kaninchen aus den Bauerndörfern des Hinterlands. Ein Parkwächter des Ortes versicherte ihm, dass er besonders auf seinen Wagen mit dem deutschen Kennzeichen ein Auge haben werde. Dabei machte er eine unmissverständliche Handbewegung, wie man sie von Händlern kennt, und lächelte dabei verschmitzt. Edgar sucht nach seinem kleinsten Schein und drückt ihm diesen in die Hand.

Und da war auch alles so an seinem Platz, wie es ihm seine Mutter geschildert hatte. Die Sankt Michaelskirche gegenüber ragt mit ihren beiden barocken Zwillingstürmen empor, die Sonnenstrahlen spielen auf ihren Turmhelmen, die Glocken läuteten, die frisch renovierte Kirche hatte rote Läufer im Hauptschiff bis vor zum Altar ausgerollt liegen. Und vorn am Altar das leuchtende Gemälde des Heiligen Michael mit dem Flammenschwert. Das Barockgemälde war lichtumflutet. Die Helligkeit des Raumes überwältigt ihn. Der Anblick dieser Kirche entschädigt ihn für vieles, was er letzte Nacht an dumpfen Schrecknissen spüren musste. Es dauerte nicht allzu lange, bis sich ein Mann mittleren Alters mit grüner Schürze neben ihn auf die Kirchenbank setzt. Es war kein Küster, es war einfach der Gärtner, der unmittelbar dabei war, den gesamten Altarraum mit Blumen und Bäumchen in Kasten und Kübeln auszuschmücken. Er sprach deutsch, redete im hiesigen Dialekt, er sprach Edgar an, ohne gefragt zu werden, sein Mundwerk ging wie ein Wasserfall. Von seinem Beruf erzählte er, dann sogleich hielt er nicht hinter dem Berg wie seine Großeltern, welche Deutsche waren, aus ihrem Haus gejagt worden waren, und alles innerhalb zehn Minuten, auch sprudelte er los, was man dem Pfarrer damals angetan hatte. Denn im Kommunismus waren Pfarrer und Kirchen überflüssig geworden, Gott

24

sowieso, wenn nicht sogar schädlich für die neue rote Volksseele. So wie Opium fürs Volk. Eine weitverbreitete Redefloskel.

Auch alles, was einst deutsche Namen trug, wurde ausgemerzt, bemerkte er.

Da hatte man ihn, der mit der neuen Sprache nicht zurecht kam, Gärtner werden lassen. Mit seinen Blumen dürfe er in seiner Heimatsprache reden. Mit seiner Frau und seinen Kindern hätte er eine Wohnung neben der Sakristei, eine schöne helle Wohnung allerdings. Gärtnern sei ein fast unpolitischer Beruf, aber nur fast. Denn es gab in dem neuen Staatsgebilde nach 1945 Tage, an denen man nicht genug rote Nelken, rote Geranien, rote Astern, rote Blumen aller Art herschaffen musste. Befehl von ganz oben. Zu erfüllen ohne Widerspruch. Die Fahnen auf den Plätzen waren rot, die Sofakissen in den Wohnungen, die Vorhänge. Die Frauen trugen rote Röcke, die Männer rote Krawatten. Alles blutigrot. Wir banden unsere Schulbücher rot ein. Blutiges Rot! So war´s. Bei Gott, keine schönen Zeiten. Die neue Weltordnung ersoff in Rot. Allerdings waren die sechs vorangegangenen Jahre, in denen man den Glauben vom arischen Übermenschen pflegte, genau so extrem und im nachhinein unbegreiflich.

Seine Kinder allerdings besuchten die tschechische Schule. Diesen Satz stellte er unvermittelt nach. Der Satz klang fremd.

Nachdem er so ganz nebenbei seine Familienverhältnisse ausgebreitet hatte, erkundigte sich Edgar M.N. nach einem Kirchenarchiv, und ob die Kirche dieser Stadt ein altes Geburten- und Taufregister besäße, das man einsehen könnte. Der Gärtner zuckte mit den Achseln. Aber möglich wäre das schon.

Eigentlich müsse so etwas existieren, sagte der Gärtner. Und er werde ihm dabei behilflich sein. Er sei mit dem Pfarrer gut bekannt, man könne sagen, fast befreundet. Da ließe sich wohl etwas machen. Und einen Pfarrer dürfe es jetzt wieder geben. Sie wollen sich wieder mit Gottes Beistand beerdigen lassen. In der Kirche wird wieder geheiratet und getauft. Und auch sonst wäre der liebe Gott wieder willkommen. Da soll sich einer auskennen in der schnöden Politik!

So nahm ihr Gespräch eine plötzliche Wende an, eine völlig unvermutete für den Autor Edgar. Das Gesicht des Gärtners verdunkelte sich sichtlich, er drückte etwas herum, bis er zugab, am liebsten alles stehen und liegen zu lassen und mit ihm nach Deutschland zurückzufahren. Welch ein Stimmungswechsel in diesem Mann. Der Gärtner war weiß wie eine Wand. Das redete er doch nicht ohne Grund nur so daher? Der Gärtner stand nach einer Weile wortlos auf, holte weitere Blumenkästen von draußen, um sie vorn an den Treppen des Altars in Gruppen zu arrangieren. Dabei tat er sehr beflissen. Von den Oberlichtern fiel die Sonne ein, schickte parallele Streiflichter durch die klaren Fensterscheiben, so als hätte das Licht eine beinahe mystische Dimension angenommen.

Edgar M.N. war über die letzten Worte des Gärtner völlig irritiert. Er stellte sich unter die Kirchentür und atmete die neue Herbstluft, die sich vom Gebirge herabbewegte, ein. Ein ganz eigenartiger Geruch, ein aromatischer Duft, den er noch nirgends so intensiv wahrgenommen hatte. Der Gärtner stand mit einem Arm voll bunter Astern vor dem Altar, begann diese zu richten, und verteilte die Blumen nach Farben, gemächlich, als wolle er zum weiteren Überlegen Zeit gewinnen. Es sah danach aus, als hätte er in den letzten Minuten ein großes Problem zu lösen in Angriff genommen, das ihn schon lange quälte. Dann war er wieder zur Stelle und sah ihn recht unsicher von der Seite an.

Da tippte ihm der Gärtner auf die Schultern und sagte, er hätte es ernst gemeint mit dem Weggehen. Bitter ernst. Und das Wort „bitter" war echt. Das Wort kam tief aus ihm heraus. Es klang auch nicht wehleidig. Edgar M.N. schüttelte den Kopf, er würde sich für seine Flucht, und sein Weggang wäre wohl eine solche, nicht erwärmen können. Das sagte er ihm voll ins Gesicht. Ein solcher Schritt ließe sich nicht übers Knie brechen. Wie könne er nur den Mut aufbringen seine Familie zu verlassen? Sie standen sich lange gegenüber. Unentschlossenheit lag in der Luft, deutlich fühlbare. Edgar versuchte sich zögernd zu verabschieden, reichte ihm die Hand, ein fester Händedruck folgte schließlich von beiden Seiten. Doch der Gärtner wollte diese Hand nicht so einfach loslassen. Er müsse ihm versprechen, auf der Rückreise zurückzukommen. Fast eine Peinlichkeit, die zwischen ihnen schwebte. Mit eiligen Schritten kehrte er zurück, schaute ihn eindringlich an. Sie müssen wissen, früher ging man einfach über die grüne Grenze, illegal, man rannte in den Wald hinein, den Berg dort hinauf, man rannte bei Nacht so schnell man eben konnte. Und wenn man Glück hatte und nicht von tschechischen Grenzposten gestellt und erschossen wurde, sank man erschöpft auf deutschen Boden zusammen und war froh, es geschafft zu haben. Genau so war´s. So war das zu ihrer Jugendzeit, als man dabei war, die Deutschen zu vertreiben. Heute kauft man sich eine Fahrkarte nach Hof, zeigt seinen tschechischen Paß, und das ist es gewesen. Der Gärtner sprach so klar, dass Edgar ihn in seinem Zorn ernst nehmen musste.

Ihr Blick, sagt der etwa: Und was machen Sie mit ihrer Familie?

Ja, mit meiner Familie! Meine Frau ist Tschechin, meine Kinder sind Tschechen. Ich bin keiner. Nur mein Paß, der ist tschechisch. Mein Herz ist deutsch. Mein Name ist deutsch. Ich kann das nicht ändern. Deutsch. Ein gutes Wort, hören Sie mich an. Ich habe einen großen Fehler gemacht. Das weiß ich. Unsere Eltern haben damals, es war das Schicksalsjahr 1945, optiert. Sie wissen, was das ist, das Optieren? Ja? Die sind nur deshalb Tschechen geworden, um nicht wie andere verprügelt und aus der Heimat gejagt zu werden. Sie behielten alles. Aber zu welchem Preis! So meinten sie eine zeitlang, dem psychischen Druck entgangen zu sein. Aber es kam anders. Wir

Kinder wurden in die tschechische Schule geschickt. Konnten vorerst kein Wort tschechisch. Verstanden nichts. Die Schule war qualvoll. Ich möchte mich an meine Schulzeit nicht mehr erinnern.

Ihre Hände fanden sich zum Abschied noch einmal.

Ich werde es mir überlegen, ich muß erst über Ihre Lage nachdenken,
sagte Edgar M.N.

In Deutschland brauchen Sie sofort eine Arbeitsstelle. Und bei unserer Arbeitslosigkeit im Land ist das sehr schwierig. Womöglich würden Sie Ihren Schritt bereuen.

Schließlich gab ihm Edgar seine Handy-Nummer. Sie haben mir Ihren Namen noch immer nicht gesagt.

Josef,
hauchte er,
sagen Sie nur Josef zu mir. Das genügt. Josef mit „f".

Auch Edgar verband mit dieser Stätte etwas Persönliches. Ein Teil von ihm zog an ihm. Hier wurde seine Mutter geboren, getauft, gefirmt. Geheiratet wurde in Brüx. Hier, in Oberleutensdorf, besuchte sie die deutsche Volksschule. Hier kannte ein jeder jeden. In dieser Kirche wurden seine Großeltern getraut. Sein Großvater war Tscheche. Storek, ein tschechischer Name. Der Großvater: Wenzel Storek. Auch er hatte hier gelebt als Kind dieses Landes. Edgar saß bereits im Wagen, wohl abfahrbereit, konnte sich aber nicht losreißen. Eine Art Magie des Ortes bannte ihn fest an dieser Stelle, hielt ihn wie mit Klammern fest umfangen.

Er wusste nicht mehr, wie lange er so sinnierend im Wagen verbracht hatte. Es mochte eine lange Zeit gewesen sein. Eine Ewigkeit. Inzwischen waren Regentropfen gefallen. Vielleicht liegt auch hier die Lösung seines Rätsels, vielleicht ganz in der Nähe, dort drüben im Kirchenamt, das jetzt einen anderen Namen trägt, einen, den er nicht auszusprechen vermag. In

28

seiner Stammbaumrecherche fehlt nur noch ein einziges Dokument, ein Hinweis auf ein einziges Mitglied seiner Familie. Wer war der Vater seiner Großmutter Agnes? Bis dato ein Unbekannter. Er konnte alles gewesen sein, Bergmann, Handwerker, Musiker, Gastwirt? Und er würde ein Dokument über ihn finden. Das war so sicher wie das Amen in der Kirche. Was da über diesen Urgroßvater mütterlicherseits in den Familien geredet wurde, im Schwange war, wie man sich ausdrückte, was da von Generation zu Generation so weitergegeben wurde, vielleicht abgeschwächt, vielleicht beschönigt, das war eher eine merkwürdige Spekulation, wie er meinte, als eine ernstzunehmende Hilfe. Trotzdem, er würde an dieser Sache dran bleiben, koste es, was es wolle, und wenn er dafür sonst etwas tun müsste. Das war ihm dieser Urgroßvater schon wert. Böhmen ist ein geheimnisvolles Land, ein altes und ein schönes Land, ein sagenumwobenes. Es hat Kraft. Manchmal geschahen dort verworrene Dinge, unglaubliche. Er würde diesen Launen der Landschaft und ihren Heimlichkeiten bis auf den Grund zu gehen wissen.

Als er in die Kehre einbog, tat sich vor ihm plötzlich das ganze Tal in seiner vollen Dimension auf. Ein Luftmeer kam ihm entgegen. Darinnen sieben Berge. Sieben Berge lagen vor ihm in dieser Böhmischen Senke wie auf einem Präsentierteller. Eine Perlenkette Vulkankegel hatte die Natur in einem Handstreich geschaffen. Ein Berg neben dem anderen. Alles Brüder. Geologisch müssen sie unterirdisch miteinander in Beziehung stehen. Und in deren Mitte der Brüxer Schloßberg, die schönste und markanteste Erhebung von allen, weil sich an seine Flanke der sogenannte Breitenberg wie ein Bruderberg anlehnt. An verschiedenen Stellen berührt ein leichter Dunst das Land. Er meint bis Saaz, bis zum Mittelgebirge, hinüber sehen zu können. Der Spitzberg zeigt dem Gebirge noch immer seine kahle Seite zu. Dort war er einmal mit seiner Mutter gewesen, seine Großmutter Agnes war auch dabei. Sie hatten irgendwelche Kräuter, die dort besonders vorteilhaft gediehen, eingesammelt. Und an die Ritter, die im Bergesinneren ihr Leben weiterleben, die ein Brüxer Dichter in seiner Sagensammlung beschreibt, denkt er voller Wehmut. Er hatte ein Sagenbuch mit Ritterbildern. Blanke Schwerter aus Gold sollen sie besessen haben, und Rösser mit Silber beschlagenen Hufen, diese Sätze aus dem Buch fallen ihm wieder ein. Es waren Abbildungen in Farbe und Schwarz-Weiß. Ihm war, als hörte er die Stimme seiner Mutter. Da war auch ein Summen dabei. Und der Schmied, der einst zum Rösserbeschlagen von einem plötzlich auftauchenden Rittersmann in den Berg geholt worden war, und als Lohn von den Berggeistern nur Hufspäne, die sich später in Gold verwandelt hatten, erhalten hatte, war in seinem Gedächtnis geblieben. Mit dieser Sage zieht an ihm ein Stück selige Kindheit vorüber, es verbinden sich sogleich Geschehnisse, die sich auf dem Burgberg wenige Kilometer daneben zugetragen haben mochten. Dabei sind meist Geister, Zauberer, Feen und Wassermänner im Spiel gewesen, sogar alte Frauen, die sich aufs Kartenlegen und Zukunftspendeln verstanden. Er hat sich mit seinem Taschenmesser ein Stück Tannenholz zurecht geschnitten, geradeso wie er es damals als kleiner Bub getan hatte. Er hatte einen Sitzplatz zwischen zwei Schlehenbüschen gefunden. Die Herbstsonne tat ihm gut, und etliche Mäuslein raschelten genauso wie damals im Laub nebenan. Jetzt schnitzte er ein Männlein, ein sehr listiges kleines Waldmännchen.

Der Herbstdunst war dem Sonnenschein gewichen. Da kommen allmählich die schrecklichen Kühltürme hervorgekrochen, verschandeln die Landschaft, sie stoßen wolkenähnlichen Rauch aus, giftige Gaswolken verlieren sich aus ihnen, die der Westwind in Schwaden und Schlieren eilig in Richtung Teplitz und Aussig abschweben lässt. Vom Schloßberg dagegen müsste die Aussicht wunderbar sein. Er schneidet noch ein paar Schlehenzweige ab und legt sie behutsam auf den Rücksitz. Hu, wie sauer doch diese blauen Kugeln sind.

✻   ✻   ✻

Unterhalb des Schlossberges verlief die Hauptstraße wie eine mit dem Lineal gezogene Gerade von einem begrünten Rasenmittelstreifen durchbrochen. Die Straßenbahn bimmelte genau wie damals, nur heute mit schrilleren Tönen, die Schienen stöhnten in den Tag hinein. Er fuhr dicht neben der Bahnlinie her, gewillt auf dieser Spur die richtige Abzweigung zum Burgberg zu finden. Und das schien gar nicht leicht nach so langen Jahren. Die Stadt hatte sich verändert, das heißt, was da gebaut war, was da als kühle Architektur aus dem Boden herausragte, war eine neue Stadt. Auf der rechten Seite wohl das neue Gebäude als ein Rathaus erkennbar, in nicht zu weiter Entfernung ein seltsamer Bau, ein Theater und das neue „Repree" als Ersatz für unseren Germaniapalast. Diese Bezeichnung galt als ein Relikt aus alten und bewegten Zeiten, als „bei uns" das Tausendjährige Reich noch nicht zusammengebrochen war. Nur diese neuen Gebäude interessierten den Autor nicht. Denn wenn man sich damit zufrieden gibt, die 20- oder 30igste Imitation eines öffentlichen Gebäudes aus der Zeit der ehemaligen glorreichen Sowjetunion inmitten der Stadt da stehen zu haben, dann mag das für diese Leute hier angehen.

Sein Augenmerk richtet er bei verlangsamter Fahrt auf einen dunkelgrün angemalten Gartenzaun, der zur rechten Seite in eine aufwärtsstrebende Gasse einmündet. Den Zaun überblühen im Mai Fliederbüsche mit blauen Dolden. Blauer Flieder. Woher kommt diese Assoziation einem zugeflogen? Und wirklich, er findet diesen grünen Gartenzaun in der Querstraße. Nur abgeblühte graue Fliederdolden hängen über. Die Gasse hebt ihn steil hinan, sein Mercedes nimmt diese mit Schwung, anders ist der Anstieg nicht zu bewältigen. Mit Ach und Krach erreicht er den Bergrücken, die Stelle, an welcher der Breitenberg und der Schloßberg zusammengewachsen sind. Fest verbunden als Bruderberge. Die Geologie hat damit etwas Besonderes geschaffen. Der Volksmund gab diesem Ort den Namen „Rachel". Der Ortsname hat sich über die Zeiten hin erhalten und ist deshalb jedem bekannt. Ein kleiner Aussichts-

Brüx. Burg Landeswarte am Schloßberg.

punkt gemacht für Sonntagsspaziergänger. Nur wenige Quadratmeter in seiner Ausdehnung. Ein winziges Plateau. Diese bemerkenswerte Schnittstelle also fällt zur anderen Seite hin steil ab, bildet somit einen Panoramablick über die gesamte Region in Richtung Erzgebirge bis hinüber zum letzten Haus von Oberleutensdorf, dem heutigen Litvinov. Unten gleich in der Senke breitet sich die große Pinge aus, wie die Leute zu dem künstlich angelegten See sagen. Ein ehemaliger eingebrochener Schacht, glaubt Edgar noch zu wissen. Seine spiegelglatte Fläche wirft ihre Reflexe bis zum Berg hinauf. Edgar kann sich an das alles erinnern. Schon öfter war er da gewesen, schon öfter, damals, als er ein Kind war, als die Bomben oben im Villenviertel explodierten und eines dieser prächtigen Wohngebäude bis auf die Grundfesten zerstörte. Nur kommt ihm heute die Landschaft viel kleiner und enger vor als früher. Mag sein. Doch über diese sonnenerfüllte Landschaft ziehen im Augenblick zwei Segelflieger ihre Kreise. Sie kommen vom Rannayer herüber, dem Segelflugberg.

Aus zerstoßener Schlacke, die einen asphaltgrauen Untergrund ergibt, hat man hier einen rechteckigen Parkplatz angelegt. Dabei hat die Stadtverwaltung in der Landessprache ein Schild anbringen lassen, das wahrscheinlich das Weiterfahren zur Burg Landeswart hinauf verbietet oder wenigstens vor dem Hinauffahren eine deutliche Warnung ausspricht. Noch lange hatte er so die Landschaft betrachtet. Schwer kann er sich losreißen. Konnte man bei diesem klaren Herbstwetter doch dort unten die Ortschaften Maltheuern, Obergeorgenthal und das Terrain des Hydrierwerks, das heißt, was von ihm übriggeblieben war, liegen sehen. Direkt vor dem Grenzland des Erzgebirges schmiegt sich etwas erhöht dieses Oberleutensdorf an den Gebirgshang mit einigen klassischen Hochhäusern, welche den Zähnen archaischer Tiere gleichen. Trotzdem: Ein wundervolles Land! Wie in einer Wiege liegen die vielen kleinen Ortschaften zwischen den Vulkankegeln und dem aufragenden Erzgebirgsstock aus dem Altertum der Erde. Der Anblick fasziniert jedes Mal. Hier an dieser Stelle war er damals mit seiner Mutter und seiner Großmutter Agnes gestanden. Die Großmutter hatte ihn an die Hand genommen, ihn an sich gerissen und irgendetwas Unverständliches, jedoch Aufregendes gerufen, indem sie vor ihnen in die Schlucht hinab deutete. Sie hatte so laut gerufen, dass davon die Vögel aus dem Gebüsch aufgeflogen waren. Die Kerbe in dem Boden war noch da, genau so. Die Erde hatte sich nicht verändert. Die Erde hatte sich nicht bewegt, sie ist nicht ausgewichen, keinen Fingerbreit. Diesen Eindruck wird er schriftlich festhalten. Der erste Eindruck fordert von ihm die spontanen Aufzeichnungen für seinen neuen Roman. Das Buch sollte von dieser Stelle aus seinen Anfang nehmen. Einen Anfang, der den Leser, der dieses Land kennt, überzeugen wird. Wozu überzeugen wird? Es gibt Bücher, die dadurch überzeugen, weil sie notwendig sind. Es gibt welche, die nicht notwendig sind, aber geschrieben werden, weil sie die Meinung des Verlegers wiedergeben. Es gibt Bücher, die notwendig sind, aber trotzdem nicht zum Abdruck gelangen, da sie die Stimmen vieler unterdrückter Volksstämme ertönen lassen. Nun, er wird schreiben, was er vorfindet. Er wird alles an seinen Platz rücken.

Edgar M.N. entscheidet sich urplötzlich, mit dem Wagen zur Burg hinaufzufahren. Das Warnschild lässt ihn scheinbar kalt. Er versteht kein Wort tschechisch. Er hat ohnehin ganz andere Reiserouten bewältigt. Schon gleich beginnt rechterhand die Strecke mit einer engen Serpentine, nur im ersten Gang ist die Steile zu durchmessen. Die Enge ist für zwei Wagen gleichzeitig nicht geschaffen. Es ist, als bäume sich der Berg vor ihm auf, als lehne er ihn ab, als wolle er ihn abwerfen. Der Berg hat´s in sich, er zeigt sogleich, was in ihm steckt, dieser Burgberg, an welchem jedes Mal die Heere der Hussiten, diese Teufel aus Prag, gescheitert waren. Keine Ausweichstellen für PKWs, rechts und links Böschungen, abwärts nur Wald, Hochwald, Eichen, so dicht stehen die Schwingen der Bäume, sie gewähren keinen Blick nach draußen, schotten alles Leben rund herum ab, umklammern diese Festung wie ein Ring seinen Edelstein. Es geht weiter in Fastkreisen, spiralig, empor nach links. Wenige Zentimeter daneben tun sich erneut steile Abgründe auf. Die Bäume lassen nur Düsternis zu. Das Terrain sieht verwunschen aus. Beinahe bereut er seinen Entschluß. Da endlich gibt der Berg sein Opfer frei, gibt ihn frei, den Ankömmling aus einer anderen Welt, das Kind, das mehr als fünfzig Jahre lang auf diesen Augenblick gewartet hat. Der Mythos des Berges hat ihn während seines ganzen Lebens verfolgt. Jetzt muß er den Berg neu erobern. Eigentlich entlässt ihn der Berg gnädig aus seiner Gewalt. Da prallt Helligkeit auf ihn.

Fast wäre der Wagen in der letzten Haarnadelkurve die Böschung hinabgestürzt, hinab in ein dreißig Meter tiefes Loch, in dem einmal eine ganze Stadt, eine achthundert Jahre alte Stadt, gestanden hatte. Ja, eine ganze Stadt. Und diese Stadt hieß Brüx. In den Zeitläufen hat der Berg schon viele Opfer gefordert. Dieser Bergkegel mit seiner Burg, die heute Hnevin heißt, ist hinterhältig, sie steht auf einem Pulverfass aus Vulkanschloten und ist seit langen Zeiten verflucht. Dreimal verflucht. Aber wer weiß das schon, weiß das nach so vielen hundert Jahren, wer kennt diese Mär, wer kennt sie noch, wer weiß Näheres über den Meister, der den Berg samt der Stadt und ihre Bürger verfluchte? Und will jemand eine solche Geschichte überhaupt noch zur Kenntnis nehmen? Wen interessiert das Grauen an dieser alten Geschichte? Schließlich sind seitdem mehr als vierhundert Jahre ins Land gegangen. Und Zeit heilt alle Wunden, nur nicht diese. Nur nicht diese!

Die nervliche Erschütterung war allmählich von ihm gewichen, als er heimatlichen Boden betrat. Er öffnete noch einmal die Wagentür, um die Handbremse fester anzuziehen. Er wird in seinem neuen Buch die Tür zu einer künftigen Welt aufstoßen, Tabus zum Kippen bringen, nicht brechen. Wie hoch ist das Risiko, dass er sich Geschehnisse vielleicht nur einbildet, die vormals ganz anders gewesen sein könnten? Wie zuverlässig ist das „Erinnern", wie sicher darauf der lange Weg zum Bewahren? Wie viel kann man davon bewahren? Wohl nur einen

Teil. Und welchen? Und wie viel Raum gibt es dafür? Eventuell einen Speicherraum? Was ist mit der Zukunft, in die das Ergebnis des Erinnerns hineingetragen werden soll? Der Autor wird Spielräume finden müssen, er wird vor ein Entweder-Oder gestellt werden.

Wie könnte er die Spaziergänge zur Rachel vergessen? Auch seine Großmutter Agnes war, wie bereits angedeutet, dabei. Damals war er zwar ein Kind. Aber was das Kind Edgar anhören musste, ging über das Fassungsvermögen eines Kindseins weit hinaus. Es hatte ein Ziel in seinem Leben gegeben, da hatte er damit gerechnet, dass alles Damalsgeschehene vorüber sei. Trotz der verflossenen Zeiten blieben die Bilder. Sie blieben hartnäckig. Wurden zu festen Bestandteilen seines Lebens. Und sie verließen ihn nicht.

Für die damals gelebte Zeit schuf sein Gedächtnis Raum. Hatte er nicht mit anhören müssen, wie man ständig von „Vertreibung", von „Verschleppungen" redete? Auch auf die Ungarn hätten sie einen Zorn! Vom Hinauswerfen aus der eigenen Wohnung, aus dem eigenen Haus? Man redete vom Ausrauben der Häuser der deutschen Bevölkerung? Beschlagnahme deutschen Eigentums deklamierte man damals. Von Vertreibung aus der Stadt, aus der Heimat? Er lag in seinem Kinderbett nebenan, und in der Küche redeten die Nachbarn mit seiner Mutter und der Großmutter Agnes über diese für ihn wirren Dinge. Da war das viel verwendete Wort „Heimat". Ein abstrakter Begriff, für ihn ein neuer Begriff. Er musste erst lernen, etwas sehr Wichtiges mit solchen neuartigen Worten zu verbinden.

Der Burgfried um das Gehäuse war geradeso wie er ihn im Gedächtnis behalten hatte, nur um vieles kleiner, enger. Man war damals zum Kaffeetrinken in die Restauration hinaufgewandert. Nur so zum Vergnügen. Unterwegs wurden Wanderlieder gesungen. Die Tische waren ohne Tischdecken, Kuchen hatte es nur auf Lebensmittelmarken gegeben. Man servierte damals schwarzen Kathreiner. Den Kuchen dazu brachten sich die Leute selber mit. Und man lief den langen Weg zur Burg zu Fuß herauf. Das war meist an Sonntagen. Da fühlten sich die Steine aus dem dunkelgrauen Basalt sehr heiß an.

Der Burghelm erstrahlte von oben wie eh und je, diese Festung aus silbergrauem Urgestein. Wie blank geputzt. Die Fahne war auch noch da, sie stand stolz im Wind und zeigte nach Norden, der höchste Punkt in der ganzen Region. Das Profil dieser Burg ist unverwechselbar, von weitem identifizierbar.

Er läuft durchs Tor, das sich zu einem winzigen Innenhof hin öffnet, er eilt quer über die verbrauchten Katzenköpfe hinweg. Diese würfelförmig zugeschlagenen Steine nannte man im Volksmund so, des katzenhaften Aussehens wegen, ebenfalls alle aus silbergrauem Basalt, welche bei Regen einen bläulichen Schimmer annehmen als seien diese aus Metall. Heute fehlt ihnen ihr Glanz. Ja, da ist dort im ehemaligen Burgsaal immer noch eine Restauration eingerichtet. Die Rundbogenfenster lassen Vorhänge erkennen. Seltsam, die Bedienungen haben fremde Gesichter, solche aus fernen Erdteilen, asiatische. Und ihre Sprache ist so fremdartig, so abweisend.

Lange blieb er vor der Eingangstür stehen. Er war noch mit sich uneins. Da betritt er die Gaststätte dennoch, als zöge ihn jemand hinein. Wenn auch vorsichtig schaute er sich um, man könnte meinen, fast gegen seinen Willen. Bewirkte es diese Fremdartigkeit? Was war das? Etwas schnürte ihm die Kehle zu. Der Hunger mochte sich nicht einstellen. Jetzt da er schon hier oben war, wollte er auch ein wenig ausruhen, den Panoramablick sich nicht entgehen lassen. An den anderen Tischen gab es nur gedämpfte Unterhaltung. Kein deutschsprachiger Gast war da. Stimmen wie aus einer anderen Dimension. Keine Art von Frohsinn. Edgar bestellte ein Bier, irgendeines, denn das Brüxer Bier gab es nicht mehr, und er zahlte sofort. Trotzdem blieb er länger als er es vorhatte. Das heißt, er saß voller Unentschlossenheit vor seinem Glas Bier und starrte eine Weile wie geistesabwesend in das Gelb des Glases, das den Innenraum der Gaststätte nach optischen Gesetzen einer phantastischen Verzerrung unterwarf. Auf die Frage, ob er noch ein Bier wolle, beantwortete er diese mit einem kurzen Nein. Er muß wohl längere Zeit so dagesessen sein, denn in der Zwischenzeit hatte sich der Wind gedreht. Das geht in dieser Region sehr schnell vor sich. Demzufolge war ein Wetterumschwung mehr als möglich.

Anfangs kam aus der Ferne des Gebirges nur ein dumpfes Grollen des Donners auf. Dann entlud sich ein plötzlicher Regenguß auf die Schindeln des Burgdaches, so dass es klatschte, und auf die erst kürzlich angebrachte Verglasung des oberen Turmteils trommelte das Wasser gegen die Scheiben. Edgar beschloß, das Unwetter im Auto abzuwarten.

Mit Spannung verfolgte er das Naturschauspiel, Etappe um Etappe. War doch im Nu die gesamte Tiefenlandschaft bis hin zum Mittelgebirge in ein diffuses Nässegewand getaucht, Blitzefäden zuckten auf, leuchtende Flüsse mit glühenden Deltaarmen standen in der Luft, und wie sich das Unwetter immer breiter und weiter machte. Die Winde heulten gegen die Burg, schüttelten die Bergeichen durch und durch, Sand stieg auf, Laubwolken wirbelten durch die Luft, als käme die wilde Jagd von den Bergen herunter. In eine gelbgrüne Unwirklichkeit stürzt das Gewitter die Talsohle. Dann mit einem Mal Stille. Der Regen verschwindet. Da spannt sich ein feiner Lichtstrahl, fast halbkreisförmig über das gesamte Tal hinweg, gewinnt mehr und mehr an leuchtender Deutlichkeit. Seinen Anfang nimmt das spektralfarbige Phänomen drüben am Teplitzer Schloßberg, dem Bruder der Burg Landeswart. Ein Zeichen des Himmels? In alten Zeiten, als der Bergmann noch in die Grube fuhr, sich noch einmal den Himmel vorher betrachtete, hielt man solche Winke aus den Sphären für recht bedeutsam, vielleicht sogar für ein gefährliches Omen.

Feine Rinnsale hatten den äußeren Hof überspült. Versickerten vor den Augen in den Boden. Nur die Eichen schüttelten die Reste ihrer Wassertropfen auf ihn herunter. Er tritt an die Grenzmauer, welche nicht höher als ein Meter ist. Hier lässt der Berg dem Besucher einen Blick nach Süden zu, fast bis hin zum Mittelgebirge. Der Himmel reißt auf. Es wird heller. Am Fuße des Berges hat man die Stadt Brüx, das heutige Most neu aufgebaut. Daraus wurde eine nach kommunistischem Muster errichtete Wohnsiedlung. Gebäude zum Arbeiten und zum Übernachten. Weniger zum Wohnen und Wohlfühlen geeignet.

Er wandte sich ab, drehte der Stadt Most den Rücken zu. Er konnte nicht anders. Was für eine grauenvolle Städteplanung, geometrisch, steril, grau inhuman, hatte sich hier abgespielt? Eine architektonische Verzweiflungstat aus Beton und wieder Beton, eine Ästhetik aus Zirkel und Lineal, aus Kuben und aschgrauer Farbe, dazu aus Bauhaus-Anonymität und Kälte. Welche Worte passen noch für dieses Kapitel? Plattenbauten-Seriendomizile? Verhundertfachte Gebäudeimitationen? Das Rathaus, das Stadttheater stehen schon irgendwo im Osten. Alles steht irgendwo anders herum. Edgar notiert, was sich vor seinen Augen für ein städtebaulicher Wahnsinn vollzieht. Ein geschichtsloses Etwas überschwemmt ein Areal, das vordem als „Himmel" in den Flurnamen im Katasteramt zu Brüx noch im Jahre 1928/30 von dem Lehrer und Heimatforscher Josef Löschner deklariert worden war.

Als im Jahre 1964, im April, der Stadtrat zusammen mit der Prager Regierung den Abriß der Stadt Brüx offiziell beschlossen hatte, begannen sich diese Betonbauten im Süden der Bergflanke auszubreiten. Die Bewohner von Brüx, diesmal die tschechische Bevölkerung, wurden aus ihren Häusern vertrieben und dorthin zwangsumgesiedelt. Die alte Stadt wurde ausgelöscht. Viele tschechische Bewohner von ihnen nahmen sich das Leben. Nach dem enormen Braunkohleabbau unter der Stadt, bei dem noch 28 andere Ortschaften sterben mussten, verschwand diese Stadt. Übrig blieb ein dreißig Meter tiefes Loch. Hergestellt von zahlreichen Riesenbaggern, welche die Stadt mit allem, mit fast allem, was sie hatte, abtrugen. Ging so der Fluch des großen Zauberers und Magiers Edvard Kelly in Erfüllung?

Der Autor Edgar M.N. hat diesem bizarrsten aller Brüxer Persönlichkeiten ein ganzes Kapitel, das fünfte, in seinem Buch gewidmet. Seine bis jetzt skizzierten Aufzeichnungen liegen am Rücksitz im Wagen. Er fand es richtig, diese mit hierher zunehmen. Gerade vor den kleinen vier Treppen hat man für diesen Mann ein Monument aus Stein errichtet. In seiner rechten Hand hält er ein aufgeschlagenes Buch. Bekleidet ist er mit einem weitgefältelten Mantel. Der Blick der verhängnisvollen Statue geht auf die Stadt hinunter, auf das Alte Brüx.

Edgar M.N. notiert:

„Edvard Kelley, der Magier und Scharlatan, war Engländer, er wurde vor seiner Namensänderung als Edward Taltbot im Jahre 1555 in Dencester in England geboren. Seine Kunst erlernte er bei einem Apotheker namens Antony Gray. Seine erworbenen Kenntnisse in dieser Zunft halfen ihm bei seiner späteren alchemistischen Tätigkeit. Bald lernte er, wie er sein Handwerkszeug missbrauchen konnte. Er wurde ein Meister der Täuschung. Es ist unter diesen Umständen nicht allzu verwunderlich, dass dieser Schwarzkünstler alsbald in dunkle Machenschaften verstrickt wurde, und zum Landverlassen gezwungen wurde. Nach seiner langen Flucht erreichte er schließlich Böhmen und trat in die Dienste eines gewissen Herrn Wilhelm zu Rosenberg ein, eines reichen böhmischen Adeligen, und zwar auf die Fürbitte des Hofalchemisten Johann Dee. Die Kur Kelleys, man kann darüber denken wie man will, machte den kranken Rosenberg weitgehend gesund, so daß der Ruhm des Magiers bis zum Hof zu Prag, bis zu den Ohren des Kaiser Rudolf II. vordringen konnte. Der Kaiser war ein Förderer solcher exotischer Persönlichkeiten. Das war im Jahr des Herrn 1584. Seinem Ruhm ging voraus, dass er mit einer Art Quecksilber jedes beliebige Metall zu Gold verwandeln konnte. Er brüstete sich sogar, dass er den Stein der Weisen, wie ehedem Paracelsus besäße. Diese Tatsache schrieb er in seinem Werk „Tractatus de lapide Philosophorum" nieder. Das war im Jahr des Heils 1597."

Edgar M.N. hatte noch weitere Aufzeichnungen über diesen Kelley bei sich im Wagen. Am genius loci, wie er fröhlich meinte, müsste der diese Notizen erweitern, sich zu neuen Sätzen inspirieren lassen. Auf der Burgmauer, mit dem Rücken zum Neuen Most, notiert er:

„Auf Wunsch des Kaisers wurde Kelley in den Adelsstand aufgenommen. An seinen Namen hängte der Schwarzkünstler das Prädikat „von Imana" an."

„Von Imana" versah er mit einem Fragezeichen. Denn er hatte diesen Ort nirgends aufspüren können.

„Damit wurde er Kaiserlicher Rat und ein reicher Mann. So besaß er schließlich eine Burg, die Burg Hradek, eine Mühle, sogar eine Brauerei und zwölf Wohnhäuser. Sein weiterer Lebenslauf verlief dennoch nicht sehr glückhaft. Er konnte zwar noch eine sehr reiche Brüxer Witwe heiraten. Er brachte sie sogar dazu, dass sie alle ihre Güter verkaufte und mit ihm nach Prag ging. Dort kam es zu einem unschönen Zwischenfall. Nach einem Duell mit einem Prager Hofbeamten, das für den Prager tödlich verlaufen war, musste Kelley fliehen. Denn Duelle hatte der Kaiser strikt verboten. Er wurde verhaftet, zuerst auf eine Burg in Mittelböhmen gebracht, nachher in das sichere Gefängnis der Brüxer Burg überführt. Er saß deshalb in einer Zelle da auf der Burg Hnevin, weil er vordem bereits ein Mal aus seiner Haft ausgebrochen war und sich beim Herablassen an einem Seil ein Bein gebrochen hatte. Und er floh ein zweites Mal. Wieder misslang die Flucht, und er brach sich das andere Bein. Schließlich wurde er vom Kaiser begnadigt. Seine Güter bekam er später einmal zurück.

Edvard Kelly aber blieb weiterhin auf der Brüxer Burg. Sein Leiden nahm zu. Schließlich setzte er seinem Leben selbst ein Ende. Er war erst 42 Jahre alt, als er nach einem selbstgemixten Trank tot umfiel."

Eine traurige Geschichte.

Edgar M.N. fügte noch hinzu, dass der Abenteurer Kelly einen Sohn hatte: Johann Adam Kelley war sein Name.

„Und es sei bekannt geworden, dass Edvard Kelley vor seinem Tode die Burg und die Stadt Brüx verflucht habe. Beide sollten vom Erdboden gänzlich verschwinden. Die Burg verschwand nach einigen Jahrzehnten, die Stadt erst nach vierhundert Jahren. Das Schicksal diese Mannes ist damit auch mit der Geschichte der Stadt engstens verknüpft."

Noch einmal überfliegt er seinen Text, und er meint, dass das Kapitel E. Kelley vor der Hand abgeschlossen sei.

Da rührt sich sein Handy. Es ist Josef, der Gärtner, der ihn, wie verabredet, anruft. Eine willkommene Abwechslung. Der Mann ist ihm sympathisch. Und der redet über Dinge, die er brauchen kann.

*   *   *

Seit seinem ersten Telefongespräch mit dem Gärtner befällt ihn die Idee, man könne seine Reise nach Tschechien missverstehen, man könnte meinen, er wolle etwas auskundschaften, etwas Illegales vorbereiten. Noch immer misstraut man Buchautoren hierzulande. Hätte er doch bei dem Parkwächter seinen Mund gehalten, hätte er ihm nicht dies und das so voreilig und vertrauensselig auf die Nase gebunden. Das ist nun mal seine Art, oft genug hatte ihm diese Spontaneität geschadet. Wer weiß schon, wie weit es mit der Geschwätzigkeit eines Autoaufpassers am Josefsplatz unter der Baumallee her ist. Seit anderthalb Stunden hatte er vor der Statue des berüchtigten Mannes zugebracht, hatte zu seinem Text maßgebliche Sätze hinzugefügt und neue Einfälle nicht gerade verworfen. Die wärmende Herbstsonne hat ihm regelrecht dazu geholfen, hatte ihm auf seinen Pelz gebrannt wie noch nie. Eine wohlige Gestimmtheit war in ihm trotz aller Sorgen aufgestiegen. Und auf diese Weise war es ihm gelungen, die Geschichte so gut wie fertig zu schreiben. Soll sie doch einen wesentlichen

Bestandteil in seinem Roman einnehmen. Schließlich war Kelley nicht der einzige Schwarzkünstler in diesen Bezirken um Brüx, Dux und Teplitz herum. Es soll sie in vergangenen Zeiten hier zuhauf gegeben haben, ein ganzes Nest zusammen mit Hexen, Hexern, Wahrsagerinnen und Kartenlegerinnen. Besonders sollen diese dort oben im Gebirge erfolgreich ihr Unwesen getrieben haben. Sie waren von normalen Menschen nicht zu unterscheiden. Wetterschäden sind auf ihr Konto gegangen, aber auch heraufziehende Unwetter sollen sie auf Brachfelder abgeleitet haben. Ihre Praktiken waren bis zur Elbe nach Aussig bekannt geworden und im Süden drang sogar ihr Ruf bis nach Prag. Heimlich wurden sie zu Hilfe gerufen, wenn nichts mehr ging. Beschwörungen aller Art waren an der Tagesordnung. Und Schutz dagegen gab es keinen. Es sei denn, man kannte den Gegenzauber, welcher mächtig genug war, das Böse außer Kraft zu setzen oder man verband sich mit ihnen.

Das war einmal. Das war ein Mythos vergangener Zeiten. Heute bläst die „Petrochemie", die Nachfolgerin des unglückseligen Brüxer Hydrierwerks, giftige Gase ins Land hinein, spuckt Verderbnis, vernebelt die Straßenzüge, zerstört den Waldbestand bis hinauf östlich nach Zinnwald, macht, dass man von der neuen Stadt Most nur noch von der Giftküche Tschechiens spricht. Dort wohnen nur solche Menschen, heißt es, die dort wohnen müssen. Und weil sie dort wohnen müssen, ist ihnen nicht zu helfen. Niemand will freiwillig dahin, niemand. Die Luft in der neuen Stadt sei so schlecht, dass die Bewohner bei ungünstiger Wetterlage mit Atemschutzmasken ihre Häuser verlassen müssen. Und die Luft tötet langsam die Bewohner aus der neuen Stadt Most. Sollte auch diese Stadt Kelleys Fluch unterstellt sein? Fast scheint es so. Wie viel Macht hat dieser tote Magier noch? Sollte dieser Ort so wie das Stary Most ebenfalls auf Kohle stehen und irgendwann einmal sterben müssen? Es wird ständig davon geredet, dass die Häuser von Most auf Kohle ständen, auf Braunkohle. Nur

Gerede? Die neue Stadt eine Fehlkonstruktion? Und das Schicksal einer solchen Stadt hat nur einen Namen: „Kohle". Benzin aus Kohle herzustellen, Treibstoff für Flugzeuge, zu produzieren, dieser Gedanke war in den 40ziger Jahren des 20. Jahrhunderts für Wissenschaftler etwas Faszinierendes. Der das erfand, kam sich wie ein Gott vor.

Dabei den rechten Standort für eine solche teuflische Anlage zu finden, schien in diesen brisanten Jahren nicht einfach zu werden. Niemand wollte eine solche Zeitbombe in seiner Nähe ticken wissen. Das Werk durfte jedenfalls nicht im deutschen Reichsgebiet errichtet werden. Es sollte eher in einem versteckten Winkel der Welt angesiedelt sein. Darunter verstand man einen stillen Standort südlich des Erzgebirges, dort, wo keine feindlichen Flugzeuge die Maschinerie des Satans finden würden.

Der Hydriervorgang, das auf chemische Weise Verflüssigen der festen Materie Kohle erschien anfangs recht kompliziert. Jedoch gelang das im großen Maßstab, Hydrieren bedeutet nichts anderes als das Anlagern von Wasserstoff an Grundstoffe. Man kann sodann chemische Verbindungen härten, aber diese auch verflüssigen.

Alsbald wurde unter den Augen der Einwohner und vieler fremder Beobachter diese Anlage herbeigeschafft, errichtet. Keine Nacht -und Nebelaktion war dafür notwendig. Es ging los am helllichten Tag, vor aller Augen. Die dafür geeigneten Chemiker und Architekten mussten zusammen mit ihren Familien ins Land gebracht werden, ausschließlich Reichsdeutsche, die von den Einheimischen abwertend als Altreicher bezeichnet wurden. Nicht ohne Grund. Man mochte sie hier nicht besonders. Sie gaben sich überlegen, zeigten eine gewisse Arroganz. Sprachen ein anderes Deutsch. Diese Spezialisten mussten bei Betriebnahme am Ort angesiedelt werden. Eine plötzliche Wohnungsknappheit hatte das in der Stadt Brüx zur Folge. Das Werk gedieh rasch zu einem Monster. Es wuchs empor. Und es glitzerte vor dem Gebirge, sobald die Sonnenstrahlen auf Röhren und Tanks Fangen spielten.

44

So hatten die eigentlichen Planungen für dieses Projekt bereits im Jahr 1938 begonnen. Und was viele nicht für möglich hielten, es gelang eine gewinnbringende Benzinproduktion von Anbeginn an. Das Benzin war gut, und es brannte wie die Hölle. Der Rohstoff hierfür lag ja wesentlich oben auf der Erdoberfläche, die Kohle musste nur noch im Tagebau von Schaufelbaggern abgeräumt und von Förderbändern wegtransportiert werden. An Ort und Stelle prangte schließlich ein stattliches in hellem Metall glänzendes Hydrierwerk. Sinniger Weise als Hermann-Göring-Werke benannt. Ein blutsaugender Polyp, reich verziert mit blinkenden Metallröhren wie ein futuristisches Großkunstwerk. Direkt auf einem Präsentierteller inmitten der Böhmischen Senke aufgetischt. Zu verstecken ging da nichts mehr.

Ein Anruf von Josef. Edgar hatte den Anruf dringend erwartet.
Josef hatte herausgefunden, dass die Grafen von Waldstein schon immer Verbindungen zu diesem Ort Oberleutensdorf gepflegt hätten. Ihr Schloß gehöre ja zu dieser Region, wenn nicht sogar zu dieser kleinen Stadt, welche langes Stadtrecht genießt. Der Dekan der Michaelskirche wolle außerdem wissen, warum gerade er sich als der Gärtner für Geburtenregister aus der Vergangenheit interessiere. Nur so einfach seien die Dokumente der alten Jahrgänge von 1887 nicht zugänglich, nicht für jedermann, leider, berichtete Josef. Außerdem, so deutete der Dekan ihm an, seien viele wichtige Dokumente von Deutschen von den damaligen Rotarmisten auf ihren Rachefeldzügen verschleppt oder sogar vernichtet worden. Man warf einen Teil der Akten aus den Fenstern, einfach auf die Straße. Nach ihrem Abzug konnte manches in letzter Minute von mutigen Helfern gerettet werden, konnte von der Straße sozusagen aufgelesen werden. Vieles würde nach Jahrzehnten an anderer Stelle auftauchen, wo es gar nicht hingehört. Aber ein kleiner Schritt sei das schon vorwärts. In dieser Gegend jedenfalls müsse man fündig werden. An diesen wenigen

Quadratmetern. Großmutter Agnes, wir werden deinen Vater finden. Auch wenn du es nicht mehr erleben konntest. Dein Enkel wird ihn aufspüren. Das ist so gewiß wie das Amen in der Kirche.

„Die Zukunft aber ist anders", schreibt Edgar auf. Sollte dieser Satz ein Buchtitel werden? Die Zukunft in diesem Land, sie ist wie eine Fahne im Wind. Oder schlimmer noch. Sie drehe sich, wohin sie will und folge keiner Logik. Viele Fahnen, darunter viele fremde, wehten im letzten Jahrhundert über dieses Böhmen hinweg.

✳   ✳   ✳

Die Spiralfahrt herunter hatte er hinter sich gebracht. Auch diese Tour ist lebensgefährlich.
Die Abfahrt von der Rachel dagegen ist ein Kinderspiel gewesen. Die Dämmerung hatte eingesetzt, hatte die Silhouette der Stadt in Beschlag genommen. Und er brauchte nur noch das einzige Hotel in der Stadt unten zwischen den unwirtlichen Plattenbauten aufsuchen. Da er keinen Stadtplan bei sich hatte, fragte er sich kurzerhand durch, auf deutsch, alle sprachen deutsch, bis auf die drei Zigeuner, welche ihn zuerst beobachtet hatten, die ihm daraufhin nachliefen und von ihm rigoros Geld verlangten. Und da er ihnen keines gab, schrieen sie hinter ihm her.
Fünftausend Zigeuner gibt es inzwischen in der Stadt, man überlege, fünftausend! Und die Einwohner von Most bekommen sie nicht mehr los, um nichts auf der Welt. Die Regierung gibt sich machtlos diesem Problem gegenüber. Sie alle bleiben ihnen. Zigeuner haben eine besondere Lebensart in Bezug auf Wohnqualität. Und auch der Eigentumsbegriff unterscheidet sich von ihrem Gastland. Sie beziehen ein leerstehendes Haus, machen im Inneren ihr Lagerfeuer auf den blanken Holzdielen, wobei sie Türen und Möbel dem Feuer übergeben. Auch Tiere wie Pferde dürfen im ersten Stockwerk mit ihnen gemeinsam hausen. Und sobald das Haus für weiteres Kampieren un-

brauchbar geworden ist, beziehen diese Leute das nächste, und so weiter, und so weiter. Auf diese Weise ruinieren sie ganze Straßenzüge. Und sie ändern ihren merkwürdigen Lebensstil in keinster Weise. Warum sollten sie auch? Kein Gesetz dieses Landes darf ihnen verbieten so zu leben, wie sie „leben". Gar lustig ist das Zigeunerleben ...! Wer kennt das alte von Generationen zu Generationen zersungene Lied eigentlich nicht?

Der Verfolgungsjagd überdrüssig gibt er jedem von ihnen einen Euro. Und da es denen für die Anstrengung einer so langen Verfolgungsjagd zu wenig erscheint, beginnen sie ihm von neuem zu verfolgen, zu drohen, zu händeln und lassen dabei ein übles Gezeter vom Stapel. Edgar rettet sich ins Hotel, denn dort dürfen sie nicht hinein. Nun muß er auch noch um seinen Mercedes bangen, der drei Straßen weiter geparkt steht. Was für ein Fiasko in diesem Land!

Der Hotelportier ließ ihn geschwinde ein. Stand er doch bereits breitbeinig in der Hotelhalle. Tat, als ob er ihn erwarte. Er begann von selbst über diese üblen Brüder zu schimpfen: Frieher hieß es immo, passt auf, reimt de Wesche vun do Leine und hullt eire Kinder rein, die Zigeiner kumm! Su sogte mo duch bei uns?
bemerkte der Hotelportier und fuhr sich durch sein schütteres Haar.
Stimmt's?
Und Edgar nickte. Was hätte er sonst entgegnen können?
Ich war damals zwar noch ein kleiner Bub, aber das Lied von den Zigeunern kenne ich zur Genüge. Wer vergisst das schon?

No, und frieher do hottn mo die Deitschen, jetzte hommer de Zigeiner. Finfdausend sins. Stellt eich dos vur! Finfdausend Zigeiner! Und dos wern immo mehr!
Er hebt beide Arme und spreizt die Finger ab. Und der Hotelportier lacht, reicht ihm dabei den Zimmerschlüssel, läßt ihn aber erst eine Weile vor seinen Augen hin und her baumeln und grinst als Zugabe:

Do worn uns die Deitschn viel liebo.
Und mit der Hand schlägt er auf sein Pult, dass die Glasschei-
be zu zittern beginnt.
Viel lieber hommer die ghobt. Host ghert?
Und um seinen Worten Nachdruck zu verleihen, zetert er
weiter,
viel liebo, sog iech Ihnen! Und jetze kumm a nuch ondere
dozu, olle ausm Ostn, die wulln ner Geld hulln, sunst nix.
Olle songs.
Nachdem sich der Portier lange genug in die Wolle geredet
hatte, ja, „in die Wolle", wieder so ein Ausdruck aus der Brüxer Gegend, betrachtete er Edgars Pass. Nahm sich Blatt um
Blatt vor. Und grinst schließlich breit.
No, in Teplitz biste geboren? Iech bie aus Dux, heite haßt dos
jo Duchow, bleder Name. Aus dem Dux, mo kennt duch de
Geschichte mit dem Giacomo Casanova, kennstze a? Der is
jo weltberiehmt wegen seiner vielen Weiber gewordn. Dos
mocht dem su schnell kaaner mehr nooch, dem Schlawiener!
Mit dem Zimmerschlüssel in der Hand summt Edgar leise vor
sich hin:
„Lustig ist das Zigeunerleben, faria, faria, ho.
Brauchst dem Kaiser kein Zins zu geben, faria, faria, ho.
Lustig ist es im grünen Wald,
wo des Zigeuners Aufenthalt ,
faria, faria, faria, faria, ho!"

Nach diesem denkwürdigen Tag fiel Edgar, so wie er war, in
Kleidern aufs Bett. Er bemerkt sofort, dass die Matratzen jeder
Beschreibung spotten. Hatte er doch auf seinen diversen Aus-
landsreisen schon manche billige Lagerstätten erleben müssen,
hatte sie belegen alleine oder zu zweit in Italien, in Spanien, in
Jugoslawien und in Griechenland, und wer weiß, wo noch.
Weiß Gott, man ist im Süden nicht immer in Punkto Schlaf-
gestaltung wählerisch gewesen. Er hoffte nur auf eines, diese
Nacht keinen kleinen rötlichen sowie flachgestaltigen Tierchen
zu begegnen. Er weiß nicht, was Wanzen auf tschechisch heißen, aber er würde, falls ihn diese kleinen Bestien nachts

heimsuchen sollten, dieses Wort „Wanzen!" auf deutsch in die Gänge des Hotels brüllen. Vom Hörensagen weiß er, dass in diesem Gebiet, aber besonders in der Hauptstadt Prag, solche Tierchen zuhauf den Schlaf der Menschen stören.

Er schlief in dieser Nacht wie ein Toter. Sie traktierten ihn nicht, denn die Tierchen kamen nicht. Ihr Segen blieb aus. Nein, wenigstens das.

Er würde heute Nachmittag Josef wiedersehen. Ein feiner Kerl, dieser Josef. Sanftmütig und einfühlend. Er sagte, er würde sich extra für ihn vom Kirchenamt freigeben lassen, so wie er das sagte, konnte man sich darauf verlassen. Also sich freigeben von seinen Blumen, von seinem Altar mit dem Heiligen Michael. Edgar schlug die Augen auf wie ein Kind. Sobald er sie schloß, nahm er die bizarrsten Sterne, Zweige, Zersplitterungen und gespaltenen Dreiecke wahr. Die Dreiecksformen vermehrten sich zusehends nach allen Seiten hin wie südländische Palmwedel. Seine Stirn ist kalt. Das Zimmer ist kalt, ist ganz früh am morgen ungeheizt. Sein Atem ist wahrzunehmen, ist fast rauh zu nennen, Atemwölkchen steigen auf, zerfließen. Die Sterne und die gebogenen Späne, welche aussahen wie Farnmuster, waren verschwunden. Die Eisblumen an den Fenstern gibt es nicht. Sie waren eine Illusion. Seine ureigenste aus den Kindertagen. Er dachte daran, dass sie damals an den Fensterscheiben vorhanden gewesen wären, dass er jedes Mal versucht hatte, sie wegzuhauchen mit seinem wärmenden Atem. Keine Eisblumenzeit mehr, seine Gedanken daran waren in ein Zeitfenster gerückt und darin stecken geblieben. Diese Eisblumen zu spüren, wäre das Paradies gewesen. Ja, seine Kindheit war ein behüteter Garten gewesen, unvergleichlich schön. Seine Erinnerung war zu plastisch, reichte als eine Insel in seine Gegenwart hinein. Trotz der Anzahl der inzwischen gelebten Jahre. Die traten zurück in eine Zeitenferne. Zerstoben wie Sternschnuppen. Als hätte sie es nie gegeben. Die Bilder aber sind geblieben.

Mit einem leichten Klicken setzt sich die Heizung in Gang.

ZWEITER TEIL

Erschütterungen

Er wollte seine neuen Texte nicht in den Laptop schreiben, noch nicht. Er hält diese Vorgehensweise für zu definitiv. Er möchte Streichungen, frische Hinzufügungen. Es geht nichts über Spontaneität, Dahingeworfenes. Er möchte nichts Abschließendes. Er werde die ersten Sätze handschriftlich verfassen, sie sich langsam entwickeln lassen. Manche Sätze schreiben sich bei ihm von ganz alleine. Darin ist eher Authentizität, das ist ein Original nach der Wirklichkeit, falls es diese gibt oder je geben kann. Das Aufnotierte, das Fragmentarische, ist ein Geschenk seiner Heimat an ihn, wenn er niederschreiben kann, an Ort und Stelle, was er fühlt, was man ihm darreicht. Das letzte Stückchen Wirklichkeit, das ihm verblieben ist, das seine Heimat an ihn zu verschenken hat.

Er schreibt:
„Ein Alptraum hat sich erfüllt. Sie haben es getan.
Sie haben die Kirche abgeräumt. Das war im Jahre 1975. Eine brillante Leistung der Technik. Ein schauriges Wunderding, ein wunderlich schauriges Drama in der Geschichte der europäischen Großarchitektur. Die Stadtkirche von Brüx wurde zum Weltkulturerbe erklärt. Sie steht isoliert und frierend auf einem künstlichen Betonklotz da ohne architektonischen Bezug zur Menschenstadt daneben, zu ihren Straßenzügen in der Nachbarschaft. Sie vegetiert inmitten einer tödlichen Leere. Sie wirkt glatt, so perfekt, in eine Form gegossen. Sie wirkt wie vom Himmel gefallen und dann vergessen und liegengelassen."

Und er schreibt weiter:
„Damals, es war um das Jahr 1944 im Sommer, als in einem der Brüxer Häuser der Nordstadt eine Seance stattgefunden haben soll."
Notiert Edgar aus der Erinnerung.
„Von dieser spiritistischen Sitzung, welche später in aller Munde gewesen sein soll, welche wieder und wieder mit kleinen Abweichungen weitererzählt wurde, weiß man, dass es sich um folgende Version gehandelt hat. Der Spruch blieb in aller Munde:

„Es wird heißes Eisen vom Himmel regnen, die Stadtkirche wird von einem Ende der Stadt zum anderen wandern. Schon sehr bald."

In dieser Nacht warf er sich, damals der Achtjährige, voller Unruhe in den Kissen herum. Es war eine schwüle Nacht, und übergangslos griffen die blühenden Kastanienzweige wie mit hundert Fingern besetzt nach ihm durchs offene Fenster. Die Vorhänge wehten mit davon. Zweige brachen sich Bahn, brachen knackend am Fensterkreuz entzwei. Vor ihm bäumte sich die Stadtkirche mit ihrem mächtigen Turmhelm in einer irrwitzigen Perspektive auf; die Wände bewegten sich quer durch die Stadthäuser hindurch, als sei das alles aus einem einzigen fluoreszierenden Glasfluß, durch welchen sie sich von einer unsichtbaren Elementargewalt geschoben, gehoben, bewegten. Es sah aus, als bräche sich das Kirchenschiff freie Bahn durch Stein- und Mauerwerke. Der Chor, Treppenaufgänge, Giebel, Dachbalken, Fenster splitterten. Gesimse hielten sich am Leitwerk des Doms wie mit Krallen fest, fest an einem gotischen Spitzbogen, bis sie schließlich unter der eigenen Last zerstoben, ganz langsam, vorsichtig, in Zeitlupe oder eher in einem Verzweiflungsakt von ihrer Beschützerin ablassend, um lautlos in die Tiefe zu stürzen.......

In der Wirrnis des Traumgeschehens hatte sich das Seitenschiff aus der Dekanalkirche herausgelöst, trieb in Richtung Schloßberg. Das rechte Seitenschiff beherbergt einen dunklen Nebenaltar, der in seinem unteren Teil das Kind im Feuer zeigt, eine spätgotische Holzschnitzerei. Das Kind liegt im Feuer, dann steigt es heraus und zeigt sich wie durch ein Wunder unversehrt. Schwerelos bewegt es sich wie ein Engel auf die Rippen des Kreuzgratgewölbes zu, das sich in Sternen unter der Decke des Domes ausbreitet. Die Sterne gehen in Blüten über........der gesamte Kirchenraum war in Auflösung begriffen, der mehrstöckige, schmiedeeiserne Kronleuchter entfernte sich weiter und weiter vom Hochaltar zusammen mit dem Bildnis der Maria, welche im blauen Kleide über dem Tabernakel in den Himmel auffuhr.

Ein Traum von damals. Wie hätte er ihn vergessen können? Seit Jahren ruhen die Aufzeichnungen in seinem Notizbuch. Fast eine Ewigkeit ist das her. Jetzt erwachen sie zum Leben. Er läßt sie erwachen.

Dort unten liegt die Stadtkirche wie eine Insel. Linkerhand hatte man den neuen Bahnhof von Most errichtet. Einen Minibahnhof im Gegensatz zum zerstörten Bahnhof von Brüx. Eigentlich nur eine unscheinbare Bahnstation. Die neue Stadt wird vom Bahnhöfchen und der Kirche durch eine Brücke getrennt. Von hier oben hat man zum Norden hin einen Blick auf das „Brüxer Loch", wie es der Volkmund betitelt hat, die 35 Meter tiefe Kohlengrube, die von Schaufelbaggern geleerte Kohlengrube, in der die alte Stadt Brüx achthundert Jahre lang gestanden hat. Nur die Stadtkirche wurde von amerikanischen Bauexperten auf eine Platte gestellt und um circa 800 Meter weiter versetzt. Genau auf das Areal eines Friedhofs, so sagen es die Leute. Wie pietätvoll! Sie steht auf den Gebeinen der Toten. Da steht sie nun, verlassen, die Stadtkirche ohne Stadt, sie kommt sich überflüssig vor, viele, die sich ihr nähern, sich ihr Schicksal zu Herzen nehmen, denken ebenso.

Man hatte aus der Versetzung der Kirche ein Spektakel für Fremde gemacht. Man filmte, Fachleute auch Laien, die sich einen Spaß daraus gemacht haben, in ihrem Urlaub die zögerliche Fahrt der Kirche zu belauern. Eine Schaulustigensensation! Zuzusehen wie der Dom über freies Feld wie ein ankerloses Schiff gezogen wurde. Eine steinerne Festung des Glaubens von kommunistischer Hand gesteuert und von der UNESCO zum Weltkulturerbe erklärt. Und plötzlich stehen gelassen. Allein auf weiter Flur. Es wurde viel über diesen spätgotischen Dom berichtet, geschrieben. Bis dato ausgiebig sensationsbetont. Und das Buch des Autors Edgar M.N. wird nicht der letzte Versuch sein, ihren Standortwechsel in einem Buch zu dokumentieren. Er wird es mit viel Feingefühl tun. Es wird der erste und vielleicht einzige Roman sein, der aus der Sicht des angefangenen Jahrtausends die Geschichten dieser Stadt literarisch verarbeitet.

Von der Brücke aus, unter der die Bahngleise nach Süden eilen, ist dem interessierten Zuschauer eine weite Sicht ermöglicht. Wie gesagt, dehnt sich davor wie ein Krater die ausgebaggerte Tiefe, ungefähr vier Kilometer an seiner breitesten Stelle, aus. Als Edgar M.N. die Brücke überquert hatte und sich der Stadtkirche näherte, glaubte er zu Beginn in der Tiefe ein Sportgelände zu erkennen. Aber es war eine ewige Stätte für die neuen Moster Toten. Josef sagte Krematorium dazu.

Das ist immer noch ein Land, das unter dem Himmel dahineilt. Da sind noch Felder, Sümpfe, Büsche, Kümmerlinge von Birken und stellenweise gar üppige Wiesenblumen, die den giftigen Niedernebeln und dem Regen zu trotzen wissen. Der kleine Fluß Biela schiebt sich weiterhin durch die Fluren. Ein Landstrich noch reich an Legenden, an alten, neue mag man nicht, man bezeichnet sie nämlich als Nonsens. Auch dieses Wort ist bekannt geworden. Man benutzt hierzulande amerikanische Slogans zur Veredlung der tschechischen Sprache. Die ehemaligen Bewohner dieser Gefilde waren sehr arm, aber sie feierten in rechten Abständen religiöse Feste, ihr Leben haben sie ritualisiert. Nach getaner Arbeit vollbrachten sie ein beachtliches Kunsthandwerk. Sie schrieben ihre Märlein auf, in den Schulen lehrte man sie den Kindern mit Fleiß, und die Schüler sagten Gedichte und Sprüche auf. Wie wohl sie alle auf ihrer Erde lebten, oben auf diesem Wundermeer an Kohle und Erzen, wovon die Bürger dieser Stadt in alten Zeiten keine Ahnung hatten. Erst mit dem Hydrierwerk in der Mitte unseres letzten Jahrhunderts kam der schleichende Tod in die Stadt. Die Leute waren abergläubisch. So viel war bekannt.

Ihr Volksglaube bevölkerte ähnlich wie in anderen Gebirgsgegenden Mitteleuropas auch die Schluchten und Bodenkerben des Erzgebirges mit Erzmännchen, Wassermännern, Zwergen und Feen, mit Sylven und Salamandern. Überall, wo man nach Silber, Kobalt und Zinn fündig geworden ist, sprießen die merkwürdigsten Geschichten nur so aus dem Boden. Erdkräfte aus geologischen Verwerfungen haben diese Schätze aus den Tiefen emporgehoben. Die Alten meinten, das sei das Verdienst der Naturgeister. Das Gebirge bis hinauf zu seiner höchsten Stelle ist eine einzige erstarrte Erdwoge, die sich vor Jahrmillionen aus der Tiefe der Lavaströme aus dem Boden erhoben hat.

Der Autor Edgar M.N., der sich vom Epos der „Bruxia" des Domherrn Pontanus von Breitenberg inspirieren ließ, schrieb vorerst einen skizzenhaften Essay über diesen frühen Brüxer Dichter nieder:

„Ein Domherr, dieser Georg Barthold Pontanus von Breitenberg, ein in Hexametern schreibender Poet und Gelehrter. Er lebte um 1600. Genau von 1550 bis 1640 in diesem Gebiet. Er dichtete in Lateinischer Sprache ein Werk, das, so kann man sagen, antiken Vorbildern nachempfunden ist. Der Dichter nannte sein eposartiges Oeuvre selbst „Bruxia". Pontanus wollte so seiner Heimatstadt Brüx ein dauerhaftes Denkmal setzen. So hat er sich in die antike Welt der Elfen, Sylven und ins Land des Pan hineingedacht. Auf Schritt und Tritt lässt er geisterhafte Gestalten auftreten, welche singend die blühenden Fluren bevölkern und in Reigentänzen durchstreifen. Es heißt, „dass man in der Brüxer Landschaft schauen kann, wie die Nymphen mit der Blumengöttin Flora ihren Scherz treiben, wie sie lachen, und wie man nach der Ernte Triumphzüge veranstaltet für Ceres, die römische Göttin des Getreidebaues, wie auch für Bacchus, den römischen Weingott, wie dabei immer aufs neue Jubelrufe erschallen zu Ehren dieser ländlichen Gottheiten und wie die Menschen begeistert in den Jubel einstimmen, die sich entweder ein Kleid von Tannenreisig angelegt haben und den mit Efeu umwundenen Thyrsosstab, das Symbol der Fruchtbarkeit, schwingen oder, mit einem Hirschfell bekleidet, einherlaufen"*. Ja, er vergleicht die Böhmische Senke mit ihrem Reichtum an Wein mit den Elysischen Feldern der Antike. Er überträgt altes Denken und Fühlen in seine neue Dichtkunst. Das Epos ist immer wieder aus dem

---

* Fußnote: Zitat: Dr. Alois Ott, „Wie einst in Brüx es aussah", 1.Auflage auf Seite 69

Lateinischen ins Deutsche übertragen worden, sogar in deutsche Hexameter. Das weiß jeder Brüxer Gymnasiast. Zum letzten Mal von dem Altphilologen, Humanisten und Brüxer Bürgermeister Professor Dr. Ott."

Nun dieses Epos ist nicht gerade eine leichte Lecktüre, wie ich weiß.

Es ergibt sich ohne Zögern, dass sich der Autor mit dem Gärtner Josef am folgenden Nachmittag verabredet. Ihr Treffpunkt wird diese Brücke sein. Und sie werden gegenseitig ihre Gedanken über manches Wissenswerte austauschen. Josef hat inzwischen einiges im Kirchenamt in Erfahrung gebracht. Daß es die alten Kirchenbücher und Matrikel zwar noch gibt, aber dass alles, was über hundert Jahre alt ist, aus Platzmangel ausgelagert wurde. Wohin, weiß man nicht. Auch dass im Jahr 1945 alte Dokumente von Razzien aus politischen Gründen vernichtet worden waren. Aber nicht alles fiel ihren Hassorgien anheim, vieles konnte selbst von Tschechen gerettet werden.

Die beiden Männer lehnten sich weit über die Brüstung des Brückengeländers. Der Himmel fuhr über sie mit leuchtenden Herbstwolken hinweg. Die Zirrostrati kamen daher, als würden sie oben umherzusegeln. Winzige Schiffe, ganze Flotten. So als wollten sie den Schloßberg, diesen erhöhten Platz, allein für sich beanspruchen, als hätten sie das alleinige Recht, hier oben umherzuwandern. So als wollten Sie den Schloßberg bezwingen. Zwei Segelflieger konnten ihnen ihr Recht nicht streitig machen.

Von dem Stary Most hat man dort drüben das alte Gymnasium, das langgestreckte und helle Gebäude mit dem Türmchen drauf stehen gelassen. Josef hob den Arm in die Richtung. Er lächelte und murmelte etwas.

Heute ist das, sagt unser junger Kaplan, ein Museum, er sagte sogar ein Stadtmuseum dazu. Das klingt besser. Die Tschechen haben das draus gemacht. Aus lauter Respekt haben sie das weiße Gebäude nicht abreißen können. Als das noch eine alte Paukanstalt war, was meinen Sie, wie viele dort drinnen geschwitzt haben mögen? Und heute noch schwitzen müssten bis zu ihrer Matura. Ich brauchte ja keins zu machen. Als Gärtner braucht man so was nicht. Und Sie, was? Hat man Sie dazu gequält?

Mit der Handfläche schlug Josef beherzt aufs Geländer der Brücke.
Klar, doch, Herr Josef! Uns hat man rechtzeitig rausgeschmissen. So kam ich zur rechten Zeit aufs Gymnasium in Deutschland. Na, ja, dann das Studium. Und hinterher, was sonst noch dazu gehört. Ohne Abitur wirste in Deutschland nischt.
Edgar lacht dabei hell heraus.
Ich war sogar eine zeitlang am Finanzamt, genau genommen für einen solchen Ort recht lange. Wer dort arbeitet, macht sich nicht sehr beliebt. Und von Autos verstehe ich Etliches. Ich habe sogar den Gesellenbrief.
Und,
ereifert sich Josef,
jetzt schreiben Sie das gewisse Buch, ja? Wird es ein mutiges, oder sogar ein gefährliches Buch? So ein rücksichtsloses? Und kein Blatt vor den Mund genommen? Ist es das, was sie sich unter Bücherschreiben vorstellen?
Und nach einer Weile:
Ist es Ihr Erstes?
Nicht das erste und auch nicht das letzte, wie ich hoffe. Denn so schnell will ich den Löffel nicht abgeben.
Ein Ausdruck, den er gerne braucht.
Ich möchte etwas über das „Zauberland Böhmen" schreiben. Es gäbe so vieles zu dokumentieren, was der Nachwelt erhalten werden sollte, Herr Josef, glauben Sie mir. Diese Idee läßt mich nicht mehr los. Ein solcher Roman, der mir vorschwebt, zeigt die ganze reichhaltige Palette dieser Atmosphäre auf, diese Landschaft, diese besondere Architektur ihrer Burgen und Schlösser, der Mythos dieser Landschaft, was es einst hier gab, ihre Geheimnisse, das Unverwechselbare dieser einmaligen Ebene. Und nicht zuletzt ihre Menschen, diese ehemaligen fleißigen Bewohner. Im Brennpunkt jedoch, so stelle ich es

mir vor, soll die Verschiebung unserer Stadtkirche sein. Das Ereignis aus dem Jahr 1975. Dieser unglaubliche architektonische Kraftakt. Alles das muß ein Zusammenspiel ergeben, eine Art bunt gewebter Teppich, der rollt und rollt, der aufblüht, die Gefühle berührt, starke Gefühle hervorruft. Unsere deutsche Sprache ist dafür wie geschaffen. So Seite um Seite, immer weiter, verstehen Sie?

Ich glaube. Ich weiß, was Sie meinen.

Edgar M.N. verfällt leicht ins Grübeln. Was er sagen wollte, läßt er doch.

Haben Sie schon einen Kriminalroman zu schreiben versucht?

Nein, das nicht. Man braucht ihn nicht erst zu schreiben. Ich möchte auch keine phantastischen Umbringgeschichten von mir geben müssen. Ich will auch kein Drehbuch oder Gruselgeschichten.

Edgar blättert einige Seiten in seinem Notizbuch zurück, so als suche er eine Textstelle.

Unsere Heimat hat nicht nur schöne Seiten. Welcher Verleger möchte schon von Abraumhalden, von abgesoffenen Schächten und von einer völlig zerstörten Stadt ein Buch in die Welt setzen lassen?

Sobald Sie von den schwarzen Kohlegruben rund herum schreiben werden, von den giftigen Schwefeldünsten, die unsere Region vergiften, ich weiß nicht, Herr Edgar, ob daraus ein gutes Buch werden kann? Welche Gegensätze tun sich auf! Welche Abgründe! Welche Probleme!

Mich interessiert zur Zeit nur Altgeschichtliches, wenn Sie verstehen, Herr Josef, was ich meine. Ich gehe erst weit in die Vergangenheit zurück, dort wo Mythos und Geschichte einander berühren. Damit werde ich auch beginnen. Das ist eine Basis.

Zum Beispiel wäre da die Sache mit dem Zauberer und Magier Edvard Kelley,

kontert Josef.

Sie sagen es. Eine magische Persönlichkeit, fürwahr!
Die ist doch aufschreibenswert? Da hat man es wirklich für
wichtig erachtet, über diesen Spinner einen Film zu drehen,
Herr Edgar, richtig an Ort und Stelle und sogar oben auf dem
Schloßberg mit der Burg Landeswarte. Die Leute wollen Re-
alitäten. Echt muß es sein. Der Film hat einen eigenartigen
Titel, Moment mal, gleich hab´ ich ihn: „Kaisers Bäcker oder
Bäckers Kaiser". Ich hab´ den Film gesehen. Der war recht
gruselig, aber gut! Sie sollten etwas über den Film in Ihrem
Buch erwähnen.

Nun zurück zum alten Brüxer Gymnasium, zum jetzigen
Stadtmuseum von Most. Den Tipp gab mir der Kaplan von
Litvinov. Das Museum in Most hat ein reiches Archiv an alter
deutscher Literatur aufbewahrt. Auch Stadtgeschichtliches
und Mythologisches. Sogar alte Schulbücher sollen die her-
umliegen haben. Alles konnte, ich weiß nicht, von wem ich
das weiß, vor diesen roten Wahnsinnigen damals im Jahr 1945
nicht gerettet und aufbewahrt werden. Es sollen auch noch
andere Dokumente wie Geburten- und Sterberegister in Si-
cherheitsverwahrung genommen worden sein. Das ist nur so
eine Idee von mir, dass Sie dort hingehen. Aber ein Versuch
für Sie könnte sich lohnen. Sie sollten dabei nichts unversucht
lassen. Unsere Archivarin ist zur Zeit Frau Dr. Manolova,
eine sehr gescheite Frau. Alle sagen das von ihr. Ein Buch hat
sie geschrieben. Sie kennt sich in allen alten Sachen aus. Jedenfalls ist dieses Stadtmuseum der sicherste Ort von Most. Denn
es ist ebenso wertvoll wie die Stadtkirche da unten.

Und was ist mit dem Schloß Eisenstein? Es schimmert so weiß
herüber,
beginnt Edgar M.N. zu bohren.
Mit der Burg da drüben? Die weiße Burg am Hang? Ach, ich
weiß nicht, ob dort noch ein Graf von Eisenstein wohnt, oder
Nachkömmlinge von ihm. Manche wollen wissen, dass dieses
Schloß dem Fürsten von Lobkowitz gehört so wie das Schloss
da drüben in Dux auch. Wer bei uns solche Fragen stellt, be-

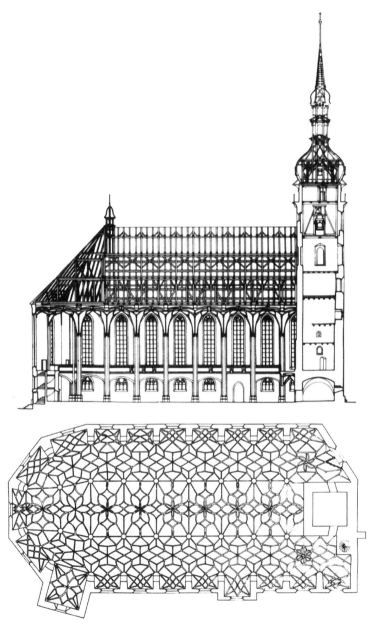

Die Kirche Mariä Himmelfahrt in Brüx.

kommt meist keine rechte Antwort. Solche Fragen sind gefährlich. Früher hieß es, Besitz sei Raub. Eine Weisheit des Kommunismus. Richtig albern dieser Spruch, was? So steht es jedenfalls im kommunistischen Manifest, oder so ähnlich. No, der Marx hat auch einen Murks zusammengeschrieben, sag´ich Ihnen. Ich hab´ sein Buch jedenfalls nicht gelesen. Weiß alles nur aus Gesprächen mit anderen Leuten. Grüble manchmal bei der Arbeit bei meinen Pflanzen darüber nach. Außerdem steht der Schloßberg davor und nimmt uns die Sicht auf Schloß Eisenstein.

Josef lächelt bei seinen diversen Ausführungen, fuchtelt aufgeregt mit seinen Armen, als gäbe er schlimme Dinge von sich preis.
Es wäre doch der Mühe wert, nach so vielen Jahren des Kommunismus wieder nach kulturellen Werten zu fragen. Oder? Verlangt man da zu viel?, Herr Josef?

Da bin ich als Gärtner längst überfragt, vollkommen überfordert bin ich da. Das war nie mein Thema. Hab´ nie über solche Dinge genau nachgedacht. Meine Pflanzen kennen solche Probleme nicht. Gott sei Dank! Sie wachsen, ganz gleich ob in einem kommunistischen oder in einem kapitalistischen Blumentopf. Ist das nicht wunderbar wie sich die Natur den Machenschaften der Menschen gegenüber verhält, ja entziehen kann?

Der Himmel nimmt allmählich eine dramatische Färbung an. Eine Opernbühne im weitesten Sinne. Die sieben Berge stehen rund herum wie auf einem Präsentierteller. Darüber Orange und alle feinen Farbübergänge fließen zum Purpur hin, und ganz in den Höhen mit grauen Wölkchen vermischt, beginnt ein Stahlblau aufzuleuchten.
Das ist in dieser Region zum Herbst hin nichts Besonderes, meint Josef,
solche Himmel bieten öfters diese Farbspiele bei Sonnenuntergängen an. Von dieser Brücke aus gesehen hat man dazu noch den freien Blick, den nur das pyramidenförmige Dreieck

des Schloßbergs als eine dunkle Silhouette zum Gebirge hin verstellt.

Die beiden Männer starren lange schweigend in den Himmel, bis Edgar M.N. in den Abend hineinsagt:

Morgen gehe ich zu Frau Dr. Manolova, ganz sicher. Es wird höchste Zeit, mein Lieber. Ich habe viele Fragen an sie. Aber nicht nur Fragen.

✳   ✳   ✳

Die Fahrt hinauf ins Gebirge.

Man muß dahin über Ossegg.

In Ossegg-Wiesa wurde 1887 seine Großmutter Agnes geboren. Der Ortseingang von Ossegg: Vorbei an dem Denkmal aus Stein vor dem Wald. Eine Orientierungsmarke. Das Denkmal besteht aus einer Menschengruppe. Die Figuren sind lebensgroß. In Serpentinen geht es hoch. Sein Wagen nimmt sie mühelos. Die Dunkelheit, die die Eichen hervorbringen, ist beachtlich.

Die sieben Berge, einst von Pontanus besungen, tauchen für sie an diesem so frischen Herbstnachmittag in der Ebene auf, so klar, so deutlich, so schön. Die Luft dazwischen kalt, sie enthält Feuchte, so dass die Sicht von hier oben grenzenlos erscheint. Hinein, hinaus, nach Süden der Blick, direkt ins Herzland Böhmen. Alles um sie ringsherum zeichnet sich scharf ab, feiert gewellte, sanfte Konturen. Läge nicht das hässliche Relikt des ehemaligen Hydrierwerks dazwischen, die heutige Petrochemie mit ihren grässlichen zwei Kühltürmen, die den Anblick des Talgrunds total verschandeln, es wäre ein vollkommener Anblick. Alle wissen es, ohne Hydrierwerk stünde die Stadt Brüx noch an ihrer alten Stelle. Das Teufelswerk hat die Stadt umgebracht.

Die Einsamkeit hier oben.

Hält sie eine Botschaft bereit? Sicher. Aber in welcher Form? Diese gilt es zu erforschen. Kaum Geräusche, kein Laut, die Vögel schweigen. Ihre Schritte nur, sie leben, geben innerliche Klänge. Was innerliche Klänge sind? Man spürt diese oder auch nicht. Ein Maler kann sie malen. Dann klingt so ein Bild.

Das ist nicht übertrieben.

Wer haut heute schon Holz mit der Axt? Kein Kondensstreifen zerreißt den Himmel mehr. Ihre Schritte pendeln sich auf einen gemeinsamen Rhythmus ein, so wie das Pochen ihrer böhmischen Herzen eines sind. Herzmuster sind´s. Da gibt es Halt. Auch Halt auf diesem von früheren Füßen gestampftem Pfad, auf dem sie sich weiter bewegen mit Schritten so sanft, so ruhig, so selbstverständlich. Als wären sie beide am Ende der Welt angekommen und hätten keine Wünsche mehr. So wie Brüder.

Manchmal kommen hier,

bemerkt Josef,

die Raben herauf. Die Wiese ist dann schwarz von ihnen. Obwohl es hier nichts Besonderes zu fressen gibt, sammeln sie sich, fallen bei Schneeeinbruch als Schwärme geschlossen unten in Most ein. Trauen sich sogar an Menschen heran. Ein Gekreisch, ein Spektakeln, wo immer diese Unglücksvögel auftauchen.

Vielleicht sind es Odins Raben.

Und Edgar lacht vielsagend. Eine Handbewegung deutet etwas an.

Die werden schon wissen, warum sie das tun.

Wer zum Teufel ist Odin?

Josef betont die letzte Silbe. Das klingt komisch, wie er das ausspricht: Odin.

Sie wissen nicht, wer das ist? Ein germanischer Gott, und er hat zwei Hilfsgeister, zwei Raben: Frecki und Geri. Seine zwei Begleiter. So erzählt es die germanische Mythologie. Kein Wunder, wenn alles Germanische verschwinden musste.

Edgar M.N. notiert:

„Bevor man hier oben dieses Areal, dieses plateauförmige Stück lichter Erde betritt, muß man erst durch einen dichten Wald von Eichenbäumen. Die Eichen, die Lieblings- und Götterbäume Odins sind die stärkste Pflanze. Kraftstrotzend, von riesenhaftem Wuchs. Nicht ohne weiteres erklärte sie der Mythos zum Himmelsbaum. Der geheiligte, der heilige Baum.

Grüne Sommerdächer, grüne Himmel, weiße Giganten im Eis. Und unbesiegbar. Außer Odin senkt niemand seine Blitze in seine Eiche, um die schreckliche Nacht mit einer göttlichen Fackel zu erleuchten ..."

Der Wald, dieser gewaltige Lebensraum!

Menschen, die stark mit ihm verwachsen waren, äußerten sich folgendermaßen: Sie sagten nicht, wir gehen in den Wald, sondern, „sie gehen in den Busch".

Das sagen sie bei uns immer noch,

bemerkt Josef. Er hat sich einen flachen Stein als Sitzgelegenheit ausgesucht.

Da hat sich bis heute nichts geändert.

Der Weg nach oben: Er war noch nie hier. Der Pfad nimmt seine ganze Aufmerksamkeit in Anspruch. Eingelassen in diesen Weg reinweiße, makellose Schneesteine, die Quarze. Schneesteine sagten sie damals. Und dass der Schriftsteller Edgar mit Mühen und mit seinen Händen einen ausgräbt, und dabei die Härte des gewachsenen Minerals aus der Altzeit der Erde spüren will, die reine Materie berühren möchte, dazu bedarf es keiner Worte. Hier oben sind Worte überflüssig. Sie sind da inmitten von Geheimnissen. Die bleiben ungesagt. In dieser Zone ist die Heimat in den Wäldern manifestiert, ähnlich wie im Böhmerwald. Der Wald ist der Raum der Geheimnisse, der Schrecken und der Finsternisse. Hier nehmen die grotesk geformten Eichen die Gestalt bizarrer Figuren an. Und der Herbstnebel verwandelt sie zwischen feuchten Moospolstern zu schauerlichen Phantomen. Ihr Anblick schreckt.

Das ist das Areal von Fleyh, eine Lichtung, ausgewiesen durch einen schlichten Holzpfahl mit den vier zugespitzten Richtungsschildern. Für jede Himmelsrichtung ein Holzpfeil. Man könnte meinen, erhöht auf einem Hügel zu stehen. Der Bergkamm ist breit. Etwa zwanzig Kilometer. Die beiden befinden sich fast oben am Gebirgsgrat in der Nähe der deutsch-tschechischen Grenze. Wer weiß das heute noch, wo der deutsche Boden beginnt, und wo man den böhmischen verlässt? Das

Land in seinem Urzustand zu belassen, bringt alles Dagewesene in Fluß, lässt Ängste von früher erwachen, hochkeimen, lässt Hoffnungen aufbegehren, lässt Grenzen ineinander verschwimmen in diesem neuartigen Europa. Das soll es doch sein? Oder erst werden? Sie wollen ein neues Europa. Ein schnelles Europa. Aber nicht alle wollen das. Wie soll ein solches gelingen?

Da beide keine Antwort parat haben, beginnt Josef von seinen persönlichen Beziehungen zu diesen Bergpflanzen zu reden. Er redet wie ein Wasserfall. Er spricht ein fließendes Deutsch:

Im Sommer blüht hier manches Kraut.

Fast klingen Josefs Worte belehrend. Edgar notiert. Die Pflanzen gehören zu seiner Niederschrift. Sie gehören ins Umfeld eines Romans.

Die große gelbe Königskerze, eine Zufluchtsstätte für viele Kleininsekten, oft knickt sie der Wind. Die Samenstände werden schwer. Die Samen wollen fort. Im Mai, ich meine gegen Ende Mai, beginnen die blauen Lupinen mit ihren Leuchtfeuern, manche flammen dazwischen in Rosa auf. Ich habe ihre gereiften Schoten mit nach unten genommen und ihre kugeligen Samen im Kirchengarten angesiedelt. Dort wachsen sie auf bestem Boden zu doppelter Höhe empor. Jedenfalls ist hier oben alles Blühen um einen vollen Monat verschoben. Zu lange hält der Winter die Flora in seinen Fängen fest. Blaue und gelbe Wildstiefmütterchen habe ich nach unten gebracht. Auch zu den alten Gräbern. Nur die kleinwüchsigen Orchideen lassen sich nicht übersiedeln. Hier läßt mich meine Gärtnerkunst vollkommen im Stich. Eine Pracht sind diese Orchideen im Juni, Juli. Das müssen Sie mir glauben. Mit meiner Frau und den Kindern war ich hier oben. Meine Kinder sammelten die weißen Kiesel, spielten Steinchenverteilen wie Hänsel und Gretel. Es nimmt einem ja keiner ab, wie wunderbar diese Orchideen leuchten, in welchen Farbe solche Schönheiten auf dem kargen Boden gedeihen. Und bei dieser schlechten Luft. Die scheinen recht zäh zu sein,

meint Edgar halb geistesabwesend.

Ist es noch weit bis zur Talsperre?
Will er wissen.
Sie müsste ganz in der Nähe der Grenze zu liegen?
Ja, wie eh und je,
lacht Josef.
Und nichts hat sich dort verändert. Ein reines Wasser, klar,
den Himmel spiegelnd. Schattenspiele an seinen Ufern. Zum
Glück haben sie die Finger von diesem Naturwunder gelassen.
Edgar faltet seine Gebirgskarte zusammen. Mit den neuen
Namen findet er sich nicht zurecht.

Grenzländer haben etwas Eigenes. Viel Glaube ist auch dabei.
Es sind keine Wunderkräfte, die man ihnen zubilligt. Es ist
etwas anderes.
Hier oben weht ein anderer Atem als unten im Tal. Ein Berg
ist ein Kosmos für sich. Abgetrennt. Phänomene sind zu allem
entschlossen. Es wird gekämpft, gewonnen, geboren, verloren.
Es wird gesucht und gefunden. Es existieren mancherlei nicht
geheuere Dinge. Grenzländer sind Ausnahmezustandsländer,
da herrschen ungewöhnliche Situationen, wie diese anderswo
nicht zustande kommen. Da herrscht auch Angst, Anspannung
bis zur Erschöpfung. Erwartung auf irgendetwas, das abrupt
passieren könnte. Auch Tödliches. Unvorhergesehenes, Dunk-
les. Die Dichte des Waldes nimmt alles auf, verbirgt dies und
das, der Wald als magischer Raum von Geheimnissen zieht das
letzte Quäntchen an Aufmerksamkeit des Wanderers an sich,
sogar bis ins Bodenlose hinab. Man sieht es nicht. Man spürt
es nur. Das Unheimliche umweht den Wanderer, umstellt ihn
schließlich, packt ihn. Er wird sein Gefangener.
Ganz früher sollen hier oben verhüllte Gestalten, Männer, die
sogenannten Venediger, umhergewandert sein. Sie durchkämm-
ten die Gegend nach Silberadern, durchforsteten den archaischen
Boden besonders nach Kobalt: Also Erzsucher, Schatzgräber
aus dem fernen Italien.
Edgars Frage trifft Josef unvermittelt.

Was wissen Sie übers Paschen, Sie wissen schon, die früheren Schmugglerwege übers Gebirge? Die gab es gerade hier? Stimmt´s?

Josef zuckt zusammen:

Freilich, heut´ ist´s damit vorbei, keine Grenzen, kein Schmuggeln. Sie meinen, dass das für Ihr Buch von Belang sein könnte?

Sozusagen. Ein schillerndes Thema. Das Überdiegrenzelaufen war doch Gang und Gäbe? Sowie in anderen Grenzregionen auch?

Gewiß, auch dieses Unwesen gehört zu den „guten alten Zeiten", Herr Edgar. So manches habe ich noch in meiner Jugendzeit so nebenbei aufgeschnappt. Man redete vor Kindern unvorsichtiger Weise manches daher. In Oberleutensdorf soll es Schmuggler gegeben haben. Die geografische Lage unserer Stadt bietet sich förmlich dazu an. Drei Schritte in den Wald, und man wird unsichtbar. Zwei alte Männer erzählen solches Zeug noch an ihrem Stammtisch. Auch Geschichten gibt´s darüber mehr als genug, ganz feine. Ich werde mich darum kümmern, dass Sie diese für ihr Buch bekommen. Darauf können Sie sich verlassen.

Die beiden hatten zum Ausruhen schließlich einen sonnigen Platz gefunden. Ihre Unterhaltung stockte für eine Weile. Insekten summten über ihren Köpfen hinweg. Käfer krabbeln im Gras. Mückentürme stehen in der Luft. Die Milde der Herbstluft lädt regelrecht zum Dösen in der Sonnenwärme ein. Doch seine Gedanken sprangen kreuz und quer, überschlugen sich, jeglicher Logik spottend. Erinnerungsmomente verscheuchten das Jetzt und Hier, verblichene Bilder blitzten auf, grell wie Geträumtes. Ein springendes Fühlen, ein Jagen. Es ist stark genug. Dagegen hilf kein noch so starkes Wachsein. Es hilft kein Willensakt. Die Natur „Erinnerung" ist eine Instanz geworden. Sie nimmt sich ihr Recht, sie läßt sich nicht übertünchen, nicht beschwichtigen. Sie brennt.

Josef,
sagt Edgar mit Tränen in den Augen,
das, was dort unten im Tal so aufleuchtet, sehen Sie es, das ist
Teplitz-Schönau. Da komme ich her.
Das soll einmal eine wundervolle Stadt gewesen sein, Herr
Edgar.
Und nach einer Weile:
Von meiner Mutter weiß ich, dass es hier oben direkt im Norden und in der Nähe vom Kloster Ossegg einen Zauberberg
gibt. Ich mochte damals erst Vier oder Fünf gewesen sein,
jedenfalls war´s, bevor ich zur Schule ging. Sie erzählte mir so
hübsch darüber, immer von neuem verlangte ich nach ihrer
Geschichte von dem Berg mit den Waldmännchen. Manchmal
sagte sie Zwerge zu ihnen. Einen anderen Zauberberg hätte es
nach ihrem Bericht in der Teplitzer Gegend gegeben. Sie sagte mir, man müsse nur hinters Haus über die Bahngleise gehen,
von da an geradeaus und so weiter. Anschließend sei eine
Wiese zu überqueren, eine sehr lange Sommerwiese mit wun-
derschönen Blumen. Sie führte weiter aus: Bergan beginnt die
Region. Nur die sei für so kleine Buben, wie ich einer damals
war, viel zu gefährlich. Denn vor diesem zweiten Zauberberg
säße eine alte Hexe, die mit ihren langen, dürren Armen plötzlich nach kleinen Jungen greife, sie brate und danach aufesse.
Ich habe das wahrhaftig für möglich gehalten. Also, blieb ich
in etlicher Entfernung vor den Bahnschienen stehen und be-
gnügte mich damit, in jene angedeutete Richtung verstohlen
zu spähen. An dieser Stelle war bereits mein Abenteuer zu
Ende. Und ich kehrte um, nach Hause, zu ihr.

Jetzt stand er mit Josef auf dem anderen Berggipfel, in mitten
der Zauberwelt der Böhmischen Wälder. Er hatte mit seinem
Erzählen in die Zeit seiner frühen Jugend zurückgefunden, ein
unbeschreibliches Gefühl bemächtigte sich seiner, ein sehr
starkes, als hätte es die dazwischenliegenden Jahre überhaupt
nicht gegeben.
Da sagte er spontan zu Josef:

Sie können das Oberleutensdorf, Ihr Litvinov nicht verlassen. Sie müssen bei Ihrer Familie bleiben, hören Sie auf mich. Ich habe das alles durchlebt. Die Liebe ist ein Universum.

Daß Flucht keine ordentliche Lösung sein kann, weiß ich. Ich kenne das von anderen her. Mancher ist zurückgekehrt, gar mancher mit großen Hoffnungen. Es gab Verstrickungen, Katastrophen in den Familien, sobald die Elternteile gemischt waren. Ich weiß, wie langsam so ein Vorhaben in einem rumort, anwächst, sich unter Schmerzen und Leiden zu einem Entschluß so oder so auswächst. Und dann die Panik, die dabei ausgelöst wird. Die Panik ist der schlimmste Schmerz.

Wenige Meter hinter dem Pflock mit den Hinweisschildern steht das kleine Haus mit dem Garten davor. Es steht seit ewigen Zeiten. Ein Mann hackt auf seinem Grund und Boden. Er hackt Holz mit einer Axt. Jeder Brüxer Ausflügler wird das Häuslein kennen. Die Leute dieses Anwesens müssen stets recht fleißig gewesen sein, denn der Garten beinhaltet alles Notwendige zum Lebensunterhalt. Ein Krautgarten. Sogar Blumen wachsen über den Zaun, sprießen im Überfluß. Die Bäume tragen pralle Äpfel. Der Mann sieht nicht gerade aus, als ob ihm seine Gartenarbeit Mühen bereite, eher Freude, er grüßt herüber, und Josef ruft ihm etwas auf tschechisch zu. Wer weiß was. Und es ist unwichtig in dieser Umgebung, wer gerade was ruft. Hier klingt alles anders.

Das war eigentlich das erste waldfreie Stück Erde, das sich nach allen Seiten circa um zweihundert Meter ausdehnte. Nichts als niedriges, sanftes Gebüsch, das sich krampfhaft am Boden festhält, und Gräser, hochwuchernde, sind auch darunter. Der Herbstwind hat ihre Samen reifen lassen, kleine bräunliche Kügelchen und längliche Überlebensspenderkapseln. Die Vögel werden sie sich im Schneewinter holen, wenn die Erde für lange Tage hier oben zugedeckt sein wird. Manch ein Samen, den sie nicht erwischen, wird sein winziges Leben weitergeben. Und davon wird wieder Leben weiterleben. Das ist eine Zone,

über die der Eiswind zu erbarmungslos zieht und dann hinunter zu den Menschen ins Tal fegt. Es sind lange und strenge Winter, die das Erzgebirge hervorbringt, welche die Landschaft prägen. Und die Leute, die hier leben, haben sich auf die andauernde Kälte eingestellt. Und auf weit mehr: Auf die Einsamkeit. Sie leben in eingeschneiten Häusern. Die Haustür ist nicht mehr zu öffnen. Davor liegt der Schnee mannshoch. Ist das das Zauberland, von dem seine Mutter zu ihm sprach? Wo der Schnee die Häuser zudeckt und die Schneekönigin ganz in Weiß und mit einer Krone aus Eiskristallen auf dem Kopf in ihrem Schlitten vorübereilt? Begleitet von Gnomen und Elfen? Umwoben von ihren Hilfsgeistern? Eisblumenzeit. Und darüber nichts als der Himmel und die Sterne?
Das ist es. Ja, hier ist das Zauberland. Er fühle es. Seine Mutter muß es gekannt haben. Vielleicht hat sie zeitweise in ihm gelebt. Wer weiß?

Möchten Sie in Ihre Heimat zurückkehren?
Josef stellte seine Frage so direkt, dass keine Ausflucht für Edgar mehr möglich war. Die Antwort kam zögerlich. Denn er war auf eine solche Frage überhaupt nicht gefasst. Josef setzt zu einem Du an. Er ist fast mit allen Per-Du. Er versucht es zögerlich und fühlt gleichzeitig, dass es bei dem Deutschen noch nicht so weit ist. Etwas schwingt dagegen, irritiert ihn. So wie eine ferne Zugluft, welche sich dazwischenschiebt. Ist er zu direkt in seiner burschikosen Art? Er wird sein Anliegen zu einem anderen Zeitpunkt und bei einer anderen Gelegenheit wiederholen. Das wird er. Etwas rät ihm dazu. Denn dieser Mensch Edgar ist ihm sehr sympathisch geworden.

Ein Sonnenuntergang begann sich auf dem weiten Himmel abzuzeichnen. Zeit, um ins Tal hinabzufahren. Der Mondgreis, dieses milliardenalte Gesicht zieht herauf, so vollkommen, so mühelos, an dem sich Kulturen um Kulturen die Gehirne zermarterten. Denn sie sahen in ihm einen fernen wankelmütigen Gott.

✳   ✳   ✳

Er war fast den ganzen Vormittag mit der Archivarin beisammen. Es gab vieles zu besprechen. Neues strömte auf ihn ein. Vor allem erfuhr er weitere Hinweise über diese verschwundene Stadt Brüx. Sie führte ihn durch den ganzen Bau.

Und da war noch im ersten Stockwerk die große Bilder-Ausstellung über das Leben der Ulrike von Levetzow, Goethes großer und letzter Liebe. Dabei fein aufdrapiert in einer gelungenen Auswahl die guterhaltenen Roben der Gräfin, die prächtigen seidenen Umhänge, und der reiche Granatschmuck der geliebten Ulrike. Und dann die Briefe, die zwischen Goethe und der Gräfin hin- und hergegangen waren. Dabei Gedichte des Dichters, wohl seine letzten. Es schien ihm, als lägen da rückwärts in der Vitrine sogar die „Marienbader Elegien", handschriftlich.

Die Archivarin hat sich Zeit genommen, hat die Führung im Haus selbst vorgenommen, in dem Haus, in welchem sich früher die Brüxer Gymnasiasten ihre Bildung erwerben mussten. Jetzt, da das Gebäude mit dem Schultürmchen am Dach zum Stadtmuseum avanciert war, konnte gleich unten eine Glocke mit lateinischer Inschrift bestaunt werden. Auch die Inschrift über dem Portal „K. u. k. Staatsoberrealgymnasium" war noch vorhanden. Vor dem Treppenaufgang verkaufte eine freundliche ältere Dame in sitzender Haltung Ansichtskarten von Stary Most, auch Landkarten gab´s dazu, alte wie neue und alles, woran Touristen so ihre Freude haben. Besonders waren in den Schaukästen farbige Dias angestrahlt mit dem Flair von Stary Most. Auch diese Dame sprach fließend deutsch und erzählte Edgar M.N. ganz unaufgefordert ihre lange persönliche Geschichte. Sie hatte wirklich etwas Ergreifendes vorzutragen, dabei sang sie ein Lied, und Edgar erbat sich, eine Legende davon in seinen Roman aufzunehmen zu dürfen. Sie erlaubte es in großzügiger Weise. Sie blickte ihm lange nach, als ob sie an ihm etwas erkennen wollte.

Im Parterre bot sich als erstes eine Schwingtüre mit Glasfenstern ganz in Weiß an, hinter welcher der Reihe nach die ehemaligen Zimmer der Klassen in munterer Folge aneinander grenzten. Es waren die der Unterstufe. Die alten Beschläge glänzten wie eh und je an den Türen und die Messingtürgriffe waren noch alle vorhanden, sogar gut erhalten. Alle mit Jugendstilornamenten reichlich versehen. Sie schimmerten bei dieser Pflege wie reines Gold. Ein Wunder, dass sie in den Tagen des 8. Mai nicht abmontiert worden sind. Denn man verwechselte in diesen hitzigen Tagen oft Messing mit Gold. Es hatte sich am Bau überhaupt nichts verändert. Einige eingerollte Landkarten stehen wie zufällig angelehnt an den Wänden, wie gerade abgestellt, so als würden sie sogleich zum Erdkundeunterricht von Schülern abgeholt werden. Es war, als hätte sich der Geist, der in diesem Gymnasium einst herrschte, persönlich manifestiert, ja, materialisiert. So kann man es wohl ausdrücken. Es war, als würden jeden Augenblick die Türen der Klassenzimmer aufgehen, die Glocke würde schrillen, und die Schüler aus den Klassenzimmern in die Gänge strömen lassen. Man hätte sie atmen hören können. Entweder er vernahm die Worte deutlich wie eindringlich „Gallia est omnis divisa in partes tres, quarum ..." oder er rief sie selbstredend herbei, in eine Art Geisterwelt hinüber. Nach Sekunden war der Spuk vorüber. Sein Kopf war wieder klar. Nicht alles läßt sich zerstören. Manches bleibt für immer da, bleibt fest in solchen Mauern verankert, ob es den Nachfolgern passt oder nicht.

Das zweite Klassenzimmer wurde als Bibliothek verfremdet. Eine staubige Angelegenheit fand dort statt. Stoßweise Bücher auf Schulbänken, eher turmhoch, auch am Fußboden sind sie gelagert, verstreut. In einem schmalen Rahmen hängt ein Nachdruck im länglichen Format, eine ziemlich naturgetreue Seitenansicht mit Schloßberg, gezeichnet von Johann Willenberger. 1602 war als Entstehungsjahr angegeben. Das mochte vollkommen stimmen. Die Seitenansicht der Stadt mit dem Schloßberg dahinter. Die Burg Landeswarte deutlich sichtbar. Eines jener berühmten Kopien des Brüxer Künstlers, der hier gelebt haben soll. Gleich neben der Tür die Karte vom Katas-

teramt Brüx aus dem Jahre 1920. Beinahe antik zu nennen. Man hat sie sinnigerweise hier unten aufbewahrt. Sie nimmt fast die ganze Wand ein. Ist mehr hoch als breit. Edgar sucht die Mannlichergasse, spürt sie direkt unter dem Frankplatz auf. Damit hat es seine Bewandtnis, sagt er zur Archivarin. Und er deutet auf ein Areal, auf dem das Haus seines Vaters und seiner Großeltern genau eingezeichnet ist. Ein echtes Jugendstilhaus mit Erkern, Mosaiken, eingeschliffenen Buntgläsern und exotischen Schnitzereien, wie sie der Zeitstil mit seinem Hang zum Floralen und Arabesken bevorzugte. Schon das gedrechselte Geländer hinauf ein Kunstwerk.
Das Haus meiner Großeltern war ein prächtiger Bau, ein kleiner Palast. Ich war ein paar Mal dort. Die Innendekoration geht mir nicht aus dem Sinn, dass nichts mehr davon existieren soll. Die Dauer der Jahre hat daran nichts geändert. Die Kunst des Vergessens gelingt nicht. Bei mir nicht,
bemerkt Edgar.
Das Elternhaus ist etwas Besonderes im Leben eines jeden Menschen. Wie sollte auch die Erinnerung je daran verlöschen? Auf der alten Karte mit den Flurnamen ist das zweistöckige Gebäude mit der Hausnummer deutlich eingezeichnet. Für die kommenden Generationen dokumentiert. Das Anwesen ist nicht wegzuleugnen. Es war da. Mit der Hand deutet er zielsicher auf die Stelle. Die Archivarin steht voller Teilnahme neben ihm. Und sie kann ihn nicht trösten in diesem Moment.

Frau Dr. Manolova ging voran, zwei Türen weiter schwenkte sie mit ihrem weißen Mantel in ein anderes Klassenzimmer. Kein Zweifel, die drei großen gebogenen Fenster bieten mit den kleineren Fensterunterteilungen typische Schularchitektur, eine von der wertvolleren Sorte aus dem endenden 19. Jahrhundert. Schulfassaden sehen überall gleich aus. Man erkennt sie auf den ersten Blick, erkennt sie von weitem als Lehranstalt: Schulportale mit Säulen, die obligatorische Schuluhr, die Aula, Schulhof, Glockentürmchen und breite Treppen. Laubbäume von mittlerem Wuchs dehnen sich davor aus, verschwiegene Gesellen aus alten Zeiten, für die es sich Schüler einfach leisteten, sich aus dem Unterricht auszuklinken, um zur Abwechslung mal ihr Laub wie geistesabwesend anzustarren. Edgar geht ans Fenster. Und er gewahrte ein längst vertrautes Bild seiner Schulzeit wieder. Er lachte hell auf. Ja, diese Fenster mit den Bäumen davor! Geradezu unvergesslich. Was habe ich während des Unterrichts aus dem Fenster geglotzt. Und es wurde nicht bemerkt. Welch tolles Zeug ging mir dabei durch den Kopf! Frau Doktor! Aber auch glitzernde vereiste Äste zur Winterszeit waren nicht zu verachten. Da schielten noch mehr Schüler hinüber. Ja, der Reif entführte unsere Gedanken sonst wohin, Frau Doktor, haben Sie auch, während sich der Lehrer da vorne mit seinem Wissen hervortat, mit diesen grünen Burschen Zwiesprache gehalten, sich so die Zeit vertrieben? Seien Sie ehrlich. Das haben Sie doch auch? Sie wären da die Einzige.

Frau Dr. Manolova lächelte:
Da höre ich nichts Neues. Aber, aber. Ich tat nichts dergleichen, mein Lieber! Eigentlich nie. Das müssen Sie mir glauben. Trauen Sie mir so etwas zu? Ich soll eine fleißige und aufmerksame Schülerin gewesen sein.
Beide lachen herzhaft. Edgar M.N. stellt sich hinter den Katheder und verharrt da schmunzelnd mit erhobenem Zeigefinger. Er nimmt ein Stück Kreide auf, es liegt so verloren da und schreibt auf die Tafel „ex urbe condita ...".
Wer´s glaubt, wird selig, Frau Doktor! Geben Sie zu, dass es ganz anders war, Sie haben es nur vergessen. Bei Ihnen ist es nicht so lange her wie bei mir. Ich werde es auch nicht an die große Glocke hängen, wenn Sie mir die Wahrheit verraten würden.

Sie zog aus einem Stapel aufgetürmter Bücher eines hervor und schlug es behutsam auf, so wie einen kostbaren Schatz. Lederrücken. Altdeutscher Buchdruck. Kräftiges Papier. Fest gebunden. Ein edles Buch.
Ein beliebtes Buch muß das gewesen sein, meinte sie, so wie das aussieht. Ich nehme an, dass Sie nach Sagen und Geschich-

ten aus der engeren Region um Brüx, Dux, Ossegg und Teplitz herum forschen. Es existieren bei uns im Haus noch aus früheren Zeiten wunderbare Bücher, aus jener Zeit, sogar mit farbigen Abbildungen, mit Zeichnungen und mit Holzschnitten versehen. Auch Kinderbücher erweitern unsere Sammlungen. Die sind nirgends mehr zu haben. Eben eine reiche, sehr alte Bibliothek. Und alle noch in deutscher Sprache. Sie haben in ihrer Wut nicht alles vernichten können. Leider darf ich Ihnen kein Exemplar davon aushändigen, leider. Aber ich werde für Sie eines kopieren. Das hat mir bislang niemand verboten. Werden Sie diese Geschichten in Ihrem Buch erwähnen, sogar teilweise mit in ihre Texte einbeziehen? Werden Sie das? Ich kann mir das sehr gut vorstellen. So darf der reiche Schatz weitergegeben werden. Denn hier verkommt das alles. Ich selbst weiß nicht einmal, ob solche Bücher irgendwann in diesem Land noch einmal zu Ehren gelangen werden. Die Zeit wird das entscheiden. Und unsere Tage sind gezählt. Und diese abrupten Veränderungen!

Ihr letzter Satz macht Edgar M.N. stutzig. Die Frau Doktor tut, als wäre sie uralt. Dabei ist sie in den besten Jahren. Als Abschiedsgeschenk überreicht sie ihm ihr Buch, blaues Leinen, quadratisches Format, „Kulturni Pamatka Most", eine Dokumentation über die Dekanalkirche mit zahlreichen Abbildungen und Grundriss-Skizzen. Eine Hommage auf dieses christliche spätgotische Bauwerk. Und vergessen Sie nicht unseren berühmten Moster Maler zu besuchen.

Edgar und Josef hatten sich in der Innenstadt am sogenannten Bärenbrunnen verabredet. Edgar umrundete den Mittelstreifen, denn er hatte sich verfahren, die Elektrische kam ihm in etlicher Entfernung entgegen, es waren neue Wagen, die alten von damals waren längst aus dem Verkehr gezogen, auch das Geläut war anders, so hielt er auf die Innenstadt Most zu. Mit Genugtuung gewahrte er die geringe Anzahl an Verkehrsschildern. In der Ferne sah er Josef stehen. Der winkte und freute sich. Edgar fand ohne langes Herumsuchen einen Parkplatz vor dem neuen Stadttheater. Leute waren unterwegs, sahen aus wie überall. Nur, was ihm auffiel, waren die vielen dunkelhäutigen Kinder. Es sollen Zigeunerkinder sein, sagte Josef. Die machen uns , glauben Sie mir, ernste Probleme. Sie sind fast überall. Prägen mit unser Stadtbild. Sie gehen auf eigene Faust los. Da kann man sich vorstellen, was sie so alles treiben. Niemand darf etwas dagegen sagen. Einfach den Mund halten und wegsehen.

Sie lehnten sich gegen den Rand des alten Löwenbrunnen. Beide wissen: das ist der alte Brunnen vom ehemaligen Zweiten Platz. Man hat ihn hier mit Absicht wieder aufgestellt. Na, ja, er passt nicht ganz in diese neuartige Architektur hinein. Aber trotzdem, ein solches Stück aus vergangenen Tagen müssen wir ehren, bemerkt Josef. Müssen froh sein, dass noch etwas von Brüx übriggeblieben ist. Genauso wie die uralten barocken Pestsäulen. Die hat man auch an verschiedenen Plätzen aufgestellt.

Was ist eigentlich mit der Figur im Brunnen? Ist das ein Bär oder ein Löwe?

O, fragen Sie mich etwas Leichteres. Manche meinen, es müsste ein Löwchen sein, weil das Brüxer Wappen einen Löwen mit einem goldenen Stern trägt. Und da doch der Stein ziemlich mitgenommen aussieht, vom Zahn der Zeiten angefressen ist, und das ist nicht übertrieben, sehen viele in diese Figur einen Bären hinein. Schließlich hat der Brunnen sehr viel mitgemacht. Ein Wunder, wie der alle Unbill überstand. Sie haben bestimmt davon gehört, dass der Kriegsfilm von Remagen nicht in Remagen gedreht wurde, sondern bei uns in Brüx. Ein Panzer fuhr geradewegs am zweiten Platz auf den Brunnen zu und kam kurz davor zum Stehen. Ein schreckliches Bild. Ich werde diese Szene nicht los.

Ich weiß, wir Brüxer haben in der neuen Heimat alle diesen Film gesehen. Und nicht nur ein Mal! Eine letzte schreckliche Botschaft aus unserer Stadt. Eine solch grausige Zurschaustellung hat unsere Stadt Brüx wahrlich nicht verdient. Eine einzige Rohheit. Sie ist unverzeihlich. Sie übertrifft alles bisher

Dagewesene an Scheußlichkeiten, was amerikanische Regisseure sich bisher leisteten.

Und wir waren in der nächsten Nähe. Wir leben ja hier. Die Tschechen mussten mit ansehen, wie man die Reste des Alten Brüx mit Bomben und Granaten lange nach dem Krieg noch einmal zusammendrosch. Dazwischen war für etliche Sekunden der Schloßberg mit der Burg zu sehen. Sie hatten die Stirn, den Berg in allen Phasen der Zerstörung mit zu filmen. Obwohl es in Remagen nie einen solchen Berg mit einer Burg gegeben hat. Das war also der berühmte Film „Die Brücke von Remagen". Gedreht wurde der Film von Amerikanern. Denen ist nichts heilig.

Tausende zerstören diese Erde, während es nur wenige sind, die den Versuch unternehmen, der Welt etwas Kostbares zu geben, zu schaffen. Die Zerstörer sind überall in der Überzahl am Werk. Ein wichtiger Satz in Ihrem Roman? Fast ein Leitsatz, nicht wahr, Herr Edgar? Ich bin froh, Sie persönlich kennen gelernt zu haben. Ich werde auf Ihr neues Brüxer Buch mit Ungeduld warten. Leider kann ich nicht schreiben. Dazu gehört auch Phantasie, und die Sprache. Die Sprache, die mir fehlt. Es gäbe so vieles zu berichten, glauben Sie mir. Obwohl ich das Eigentliche von damals nicht miterlebte, weil ich zu jung war. Mir reicht genau das, was ich bisher zu sehen und zu hören bekam.

Die letzten Worte von Frau Dr. Manolova waren, so wie er sie in Erinnerung hatte:

Vergessen Sie nicht zu unserem Brüxer Maler zu gehen.

Als die beiden die Straße hinauf spazierten, schaut der Maler von seinem Balkon herunter. Das Haus, in dem er arbeitet, ist wie alle anderen Gebäude ein Plattenbau nach westlichen Verhältnissen ohne Farbe, ohne Charakter, eben ein Unding in schematisches Grau und in Rastereinheiten getaucht. Alles ist hier grau in dieser Gegend. Die Gesichter, die Hände der Menschen.

Der Maler lebt in einer kleinen Wohnung, viel zu eng für sein Vorhaben, zu eng für seine Kunst, die aus ihm gewollt oder ungewollt herausbricht. Ein Atelier kann er sich nicht leisten. Das ginge über seine Verhältnisse. Daß er dennoch zum Malen kommt, ist wie ein Wunder.

Der Maler hatte Edgar und Josef bereits erwartet. Sobald ein Fremder in der Stadt auftaucht, noch dazu ein Buchautor, das spricht sich schnell herum. Er hatte Kaffee aufgesetzt, tschechischen, dessen kräftiges Aroma die ganze Wohnung durchzieht und eine Atmosphäre von Gemütlichkeit und sogar von Vertrauen verbreitet. Dazu stellt er Palatschinken mit Powiedel auf den Tisch, und man vergesse das nicht anzumerken, einen Karlsbader Schnaps aus einer dunkelgrünen Flasche: Den Karlsbader Becherbitter, so sein Name, so berühmt wie das Weltbad selbst. Auch Becherovska genannt. Die Gläser stammen noch aus Gablonz, betont der Maler und lächelt dabei vorsichtig. Meine Eltern sammelten so etwas. Sie sammelten alles, was schön ist. Besonders liebten sie Glas. Und dann kam der Satz, vorwurfsvoll, schmerzlich formuliert: Warum haben die das in Prag getan? Sie haben den Untergang in dieser furchtbaren Stadt Prag beschlossen! Prag ist eine schlimme Stadt. Wie müssen sie diese Stadt Brüx gehasst haben! Unsere herrliche Stadt! Unsere arme, geschundene Stadt! Alles mussten sie kaputt machen. Bis auf die wenigen Villen nach Saras raus! Er stützt seine Ellenbogen auf den Tisch und schweigt.

An den Wänden hängt Bild um Bild. Sie erzählen uns wie aus einem Film. Etappe um Etappe, gemaltes, verschwundenes Leben wie das Brüx unter den Schaufelbaggern verschwand. Alle Gemälde sind sehr ähnlich. Oberflächliches Betrachten zeigt, dass fast überall der Brüxer Schloßberg aus verschiedenen Perspektiven gemalt wurde. Mit diversen Färbungen des Himmels. Der Himmel hat eine Funktion. Er ist die Blickgasse in die Unendlichkeit. Hat das auch der Maler gewollt? Freilich. Das Unsagbare hat er in die Himmel hineingemalt. In seiner Seelennot hat der Maler, und er ist Tscheche, den kontinuierlichen Abbau seiner Stadt Brüx seit 1965 zusammen mit dem Schloßberg als Hintergrund dokumentiert. Sehr naturgetreu, wahrhaftig. Diese Bilder kann niemand verschwinden lassen. Es kann sie niemand mehr weglügen. Auch nicht verfälschen. Dafür sind diese Bilder zu sehr bekannt geworden. Er muß in all den Jahren wie in einem Rausch seiner Verzweiflung durchgemalt haben. Ausgelöst durch einen einzigen großen Schmerz. Wie seine Vaterstadt Stück für Stück aufgerissen und zerstört worden ist. Er malte die Bilder von seinem Balkon aus. Es scheint sogar, als hätte sich der Maler nicht von seinem Ort wegbewegt, als wäre er hier oben festgewachsen, um sein kleines „Universum Brüx" zu erschaffen, zur Schande ihrer Zerstörer. Gleichzeitig setzte er für alle Zeit dieser Stadt ein Denkmal. Diese Gemälde führen Gespräche miteinander, so wie sie angeordnet sind, deutet der Autor Edgar M.N. vorsichtig an, so jedenfalls empfände er diese Begegnung mit dem Maler und seinen Bildern. Einerseits ist dieses Oeuvre ein Rückzug, oder, genauer betrachtet, ein Vorstoß in die neue Welt der Werte von Most, in das neue Europa. Mit dieser Schuld zu leben ist nicht einfach. Schuldig werden kann man auch an Dingen, die es nicht mehr gibt. Diese Bilder werden ein Teil von Europa werden. Sicherlich. Sie sind noch mehr: Diese Bilder sind „aus Respekt vor heiligen Dingen" entstanden. Schon einmal hat ein bekannter Brüxer Maler seiner Heimatstadt mit seinem Lebenswerk ein unvergessliches Denkmal gesetzt. Er malte die Stadt vor seiner Zerstörung, Platz um Platz, Kirche um Kirche, Straße um Straßenzug. Es ist der Maler Wenzel Hablik, geboren um 1881 in Brüx. Er ist ein wichtiger Zeuge aus der Vergangenheit.

Sie haben,
erklärt Edgar M.N.,
während seine Blicke langsam über die Gemälde schweifen, uns mit ihren Bildern ein Vermächtnis von hohem Rang hinterlassen. Sie haben es für die deutschen und für die tschechischen Brüxer in Ihrer eindeutigen Sprache gemacht. Hoffentlich weiß da auch die Stadtverwaltung von Most ihre Leistung zu würdigen, hoffentlich.

Vollendet hat der Maler dort sein Werk, wo die Zerstörung ihren höchsten Grad erreicht hat. Tief beeindruckt verlassen die beiden den Maler. Da braucht nichts mehr geschrieben zu werden. Der Maler hat alles erfaßt, was es einmal gab. Bilder sind stärker als Worte. Das bewahrheitet sich immer wieder. Der Maler blickt ihnen von seinem Balkon nach. Sie gehen wortlos die Straße hinunter von neugierigen Blicken vorbeigehender Passanten gestreift. Welche Blicke! Eine Frau bleibt stehen und schaut den beiden nach. Nur ein einziges Wort fiel noch. Es sei hier nicht vergessen. Es sei hier manifestiert: Das Wort, das im weitesten Sinne den Begriff „Unrecht" umschreibt.

Die beiden schlendern auf die lange Brücke zu. Zunächst wortlos. Ihre Schritte sind im Einklang. Zur Linken war gerade der Zug aus Komotau, also aus Chomutov, in die Moster so ärmlich aussehende Bahnstation eingelaufen. Eine Station, kein Bahnhof mehr. Die Lokomotive schnaubt nicht wie damals schwarze Rußwolken aus dem Schornstein.

Wir werden nicht mehr schwarz wie die Teufel, scherzen die beiden und lehnen sich weit über das Brückengeländer hinaus. Nein, heute nicht mehr. Nach dem Abpfiff bewegt sich der Personenzug gedämpft unter ihnen hinweg in Richtung nach dem Süden, nach Bilin. Der fährt wirklich über Bilin, bemerkt Josef, er fährt diesen großen Umweg, wenn er heute nach Teplitz muß. Denn die Bahnstrecke Brüx –Mariaratschitz – Preschen - Dux – Ullersdorf – Settenz - Teplitz-Schönau gibt es nicht mehr.

Wußten Sie das nicht? Und das Prädikat, das „Bad Teplitz-Schönau", existiert auch nicht mehr. Es darf nicht mehr geführt werden. Man hat ihnen das „Bad" genommen. Eigentlich verständlich, denn es vermag mit anderen Bädern nicht mitzuhalten. Die Stadt heißt nur noch Teplice.

Ein Schwarm Vögel zieht über die neue Stadt hinweg. Sie kreisen mehrmals. Umfliegen auf ihrer Herbsttour den Schloßberg auf Spiralbahnen. Lassen sich wieder irgendwo nieder, um trotzdem mit Gezwitscher neu aufzufliegen. Die Vögel sind nicht heimatlos. Es sind die Herbststare, so wie sie sich jedes Jahr über diesem Wohngebiet mit Gekreische sammeln. Sie rotten sich mit tausend Stimmen vor ihrer großen Reise in den Süden zusammen. Das ist ihre alte Ordnung, ihr genetischer Code, zu ihrem Ursprung zurückzukehren. Die Vogelschwärme haben ihre lebenserhaltende Heimat beibehalten. Diese wundersamen Flieger kennen keinen Namenswechsel, suchen keinen Ortswechsel, haben kein Vertriebenzuwerden zu befürchten. Generation um Generation kehrt in die angestammte Heimat zurück.

Früher krakeelten sie auf den elektrischen Drähten herum, schimpften sich gegenseitig aus, sagte Josef belustigend.

Er machte eine weite Handbewegung, als wollte er etwas vertreiben.

Und manche bekämpften sich gegenseitig, hauptsächlich die Altstare. Heute, da es keine Telegraphendrähte und –stangen mehr gibt, suchen die sich andere Plätze aus. Früher meinte ich, dass diese Drähte warm wären und die Vögel würden sich darauf ihre Füße wärmen.

Nachdem beide so einträchtig auf der Brücke vor sich hin in die Tiefe gestarrt hatten, schlug Edgar mit der Faust auf die Brüstung: Und jetzt fahren wir nach Teplitz zu meinem Geburtshaus. Oder ist es für Sie zu spät, Herr Josef? Ich bin jetzt so weit. Was halten Sie von meinem Vorschlag?

Wegen mir, fahren wir los! Machen wir nüber nach Teplitz! Auf einer autobahnähnlichen Straße, einer Fernstraße, biegen sie in östlicher Richtung nach Bilin ab. Die Fahrbahn ist so gut wie leer. Die Strecke verläuft direkt am Fuße des Borschens entlang.

Der Borschen, dieser Phonolithfelsen ist ein geologisches Kapitel für sich. Ich sage Ihnen, der hat´s in sich. Schon als Schüler hat uns der Lehrer mit Borschensagen fett gefüttert. Ein Gedicht mussten wir auch auswendig lernen. Alles auf

Tschechisch. Sie sollten wenigstens eine Mär in Ihr Buch aufnehmen. Das lohnt sich. Diese Sagen in unserem Gebiet sind zum Teil deftig, und allesamt recht gruslig. Es soll nämlich in Wirklichkeit eine Hexe, ganz im Ernst, eine Hexe im Berginneren gegeben haben. Die konnte zaubern. Die soll da gehaust haben. Ja, gehaust. Das ist das richtige Wort dafür, verehrter Autor und Geschichtenschreiber! Und was die hier alles mit Menschen und Vieh getrieben haben soll, grässlich! Die Biliner wissen Genaueres darüber zu berichten. Manche Alte wollen sich sogar an sie noch erinnern. Hu! Ich glaub´s nur nicht.

Der Berg hat eine seltsame Form, eine Gestalt wie ein Hut. Er wirft infolgedessen an diesem Nachmittag einen langen Schatten über die Landschaft, sogar über unsere Fahrbahn. Eine Kühle steigt von ihm herauf, geradeso wie unheimliche Orte ihrem Wesen nach beschrieben werden. In der nächsten Nähe erheben sich hinter den dichten Baumbeständen anthrazitfarbene Schwertspitzen, die felsigen Überreste aus einer alten geologischen Vorzeit. Denn das gesamte Gebiet war vulkanisch höchst aktiv. Wie alle anderen Bergkuppen dieser Region ist dieser markante Berghut aus einem Vulkanschlot entstanden und plötzlich auf halben Weg im Erdreich stecken geblieben. Als Nebenprodukt dieser Aktivität entstanden rings im Lande kleine saure Quellen. So sagt man.
Josef nickt.

Die Biliner haben die Quellen entdeckt, gefasst, ein Badehaus drum herum gebaut und den Biliner Sauerbrunn draus gemacht. Schön geschäftstüchtig, was, Herr Edgar! Und das Zeug ist wirklich sauer, quiekesauer. Es zieht einem alles zusammen. Ob´s gegen etwas hilft, steht auf einem anderen Blatt. Die Doktors sagen´s. Ich hab´ s probiert, ganz ehrlich! Kein Vergnügen, dieses Zeug! Sogar Brüx soll einst eine saure Quelle angebohrt haben, und diese sodann gefasst haben. Geldgier war womöglich im Spiel. Die hatten nach allem Möglichen gebohrt, haben ständig im Erdreich nur gewühlt! Wissen Sie denn nicht, dass das Wässerlein, der Sauerbrunn zu Brüx bald wieder versiegt ist? Und vielleicht war es gut so. Die Brüxer mussten nicht alles haben.

✳   ✳   ✳

In Teplitz geboren, von seinen Vorfahren her jedoch ein echter Brüxer, so ist Edgar M.N. beiden Städten eng verbunden. Sein Vater Franz N., ein Brüxer, seine Mutter Gertrud N., geborene Storek, eine echte Oberleutensdorferin, jedoch in Brüx aufgewachsen, zur Schule gegangen. Seine Eltern bekamen während der Vierzigerjahre in den Turbulenzen der Kriegszeiten in ihrer Heimatstadt keine Wohnung. So mussten sie wegen der Wohnungsnot nach Teplitz ausweichen. Und sie fanden eine in Teplitz, draußen, etwas außerhalb des Bäderbereichs, das man als Teplitz-Turn bezeichnete. Edgar M.N. also ein Turner? Nur mit Sport hatte er nie etwas am Hut. Teplitz-Turn verfügt über eine eigene Katholische und eine Evangelische Stadtkirche, eine ansehnliche Bibliothek, über ein Kino. Etliche Handarbeitsgeschäfte hatten sich angesiedelt. Der Stadtteil verfügt über ein Gasthaus mit dem Namen „Gemütlichkeit", über ein Postamt, einen Bahnübergang mit elektrischer Bahnschranke und eine stetig lärmende Elektrische. Es liegt an der Strecke Teplitz – Aussig. Da gab es aber auch schon einige Geschäfte, welche in jenen Tagen nichts mehr zu verkaufen hatten. Die Auslagen waren leergefegt, die Regale ebenso kahl wie trostlos. Die Katholische Kirche mit dem gotischen grünen Spitzturm ist aus rotem Klinker. Sie hieß bei den Leuten nur „die rote Kirche". Die Evangelische Kirche gleich in der Nähe dieser angemieteten Wohnung ist noch immer sehr grau, dafür ein Rundbau mit Endloskreistreppen. In dem letztgenannten Gotteshaus wurde das Bübchen in den folgenden Septembertagen auf den Namen Edgar Maria N. getauft, obwohl er ursprünglich Markus heißen sollte. Seine Mutter im Wochenbett empfing den Geburts- und Taufschein mit den beiden Vornamen mit Fassung. Hauptsache sie hielt ihr Bübchen wieder in ihren Armen, und er musste nach dem

Willen seines Vaters Franz N. nicht Markus heißen. Das hätte sie nicht ertragen.

Daß er in seinen ersten Lebenstagen nicht so munter wie andere Babys krähen konnte, hing an seiner allzu zarten Konstitution. Zu dünn, hieß es sogar, viel zu schwächlich! Bemerkte der Arzt. Und er wiederholte seine Worte. Hoffentlich kommt er durch. Sicher war das nicht. Der Junge braucht Nestle. Das ist eine neumodische Kinderaufzuchtstrockennahrung aus Getreidepulver und angeblichen Vitaminen, diesen verheißungsvollen neumodischen Zusatzstoffen. Mit heißem Wasser angerührt wurde das Konzentrat zu einem wohlschmeckenden Brei. Nur hatte das Kindlein sehr bald dieses Fliegengewicht von zwei Kilogramm überwunden. Der „Gunge" fand Gefallen am reichhaltigen Essen. Es schmeckte auch. Stimmlich wurde er kräftiger. Das Nestle-Kind konnte bald lauthals brüllen. Denn bereits im Alter von einem Jahr hatte das Büblein nach allen Seiten hin zur Freude seiner Familie und seiner Umgebung einen ansehnlichen Babyspeck angesetzt. Der Bub strotzte vor Babyglück. Ein strammes Kerlchen, dieser Edgar! So hieß es. Bald würde er von sich reden machen. Seine Mutter hingegen wurde immer dünner.

Mütterlicherseits hatte er einen tschechischen Großvater, väterlicherseits war er mit einer tschechischen Großmutter ausgestattet. Also ein richtiger Mischling. Alle anderen Familienmitglieder sind deutsch. In dieser Gegend ist das nichts Besonderes, eher die Normalität. Die Staatsangehörigkeit ist deutsch. Die Heimatsprache ist deutsch. Sein Name deutsch.

Vor ihnen steigt die Stadt Teplitz aus den Feldern auf, so deutlich. Sind es Felder, oder ist es vom Bergbau verheertes Land? Das ist von hieraus noch nicht genau auszumachen. Breit dehnt sich die Stadt mit Türmen und Türmchen vor dem Gebirge aus, welches als ein blassblauer Streifen weit draußen wahrnehmbar ist. Der Teplitzer Schloßberg steht in ständiger Positur, zeigt sich von seiner imposantesten Seite in einem Meer von Sonnenstrahlen wie eine Pyramide. Der Berg grüßt herüber. Oben die Burg als Krone. Der Berg verdient diese Krone. Er ist der letzte der legendären sieben Hügel. Hat man hier das Märchen von Schneewittchen und den sieben Zwergen erschaffen? Etwa ebenso das vom Dornröschen? Man könnte es meinen. Die meisten glauben das sogar. Denn in dem Zauberland Böhmen, besonders in diesem Tal, hat sich so manches dieser Märchen abgespielt.

Edgar M.N. hat die Geschwindigkeit herabgesetzt. Der Motor fährt leise wie ein Glöckchen. Seine Eile, dahin zu kommen, ist wie verflogen. Sie nähern sich in verlangsamter Fahrt den Außenbezirken der Stadt. Dabei gerät ihre Unterhaltung das erste Mal ins Stocken. Josef hat nichts hinzuzufügen. Unsicherheit kommt auf. Ihn beschleicht ein seltsames Gefühl. Das Früher und das Jetzt! Das passt alles nicht mehr zusammen. Es spielt in verschiedenen Dimensionen. Es zerreißt ihn. Das erlebt ein jeder, der zurückkehrt. Es ist, als sähe er das alles zum ersten Mal. Jetzt, da die Wirklichkeit wie ein Tor vor ihm liegt, das er soeben passiert, hat sich seine Erinnerung zu etwas Fremdartigem zusammengerollt. Wie eine verblichene Zeichnung etwa. Die Zeichnung hat neue Farben aufgenommen. Sie ist kaum wiederzuerkennen. Und sie ist künstlich und nicht real.

Das Gefühl, so plötzlich ein Fremder in der Heimat zu sein, ist den meisten von seinen Landsleuten bei der Rückkehr in die Heimat begegnet. Wie eine Last drückt etwas. Es ist, als stände die Zeit stille, als würde uns unser Herzepochen keine anderen Laute aus der Umgebung mehr wahrzunehmen erlauben, als läute über uns ein Glöckchen, begleitet von einem schmerzenden Herzflattern. Es tut körperlich weh. Tränen verschließen die Augen. Die Stimme versagt. Die Landschaft ist mit schwarzen Flecken übersät, welche über den Feldern auf und ab tanzen. Wie gut, dass er nicht allein auf seinem Weg ist. Wie gut, dass er umgehend an den Straßenrand gefahren ist, anhält, bis der Stau der Gefühle sich zu legen beginnt.

Bewegungslos sitzt er da, die Hand lose am Steuer, den vor-
beieilenden PKWs hinterdreinstarrend. Er hat keine andere
Wahl. Er muß weiter. Doch plötzlich kommt eine große Ruhe
über ihn, über seine Seele.

DRITTER TEIL

Streiflichter

Die Schnellstraße führt auf einen Bahndamm zu. Die Bahnstrecke aber ist stillgelegt. Zwingend ergibt sich in der gleichen Richtung eine Unterführung, welche sie am Ortsanfang passieren. Eine rechte Engstelle. Auch der Stadtrand atmet Fremdes, Eigenartiges aus. Hier war er noch nie gewesen. Noch nie in seinem Leben. Ein Straßenschild kündigt den Namen der Stadt an: Teplice! Diesmal größer. Trotz des wärmenden Sonnenscheins liegt ein seltsamer Geruch in den Gassen. Edgar kurbelt das Fenster hoch und sagt:

Es stinkt hier nach...

Das, antwortet Josef rasch, stinkt nach Schwefel. Nur der ist es nicht allein. Wir atmen noch Kohlendioxyd zusammen mit Arsen- und Cadmiumverbindungen ein. Ein komplettes Giftbouquet. Ein Geschenk vom alten Hydrierwerk und dem neuen Chemopetrol-Werk. Das Zeug fängt sich alles hier in den engen Straßen, und wenn es sich verzieht, schleicht und kriecht es je nach Wetterlage zum Gebirge nach dem Zinnwald hinauf. Scheinbar halten die menschlichen Lungen doch mehr aus. Die Bäume droben, den Wald hat´s längst erwischt. Der ist längst abgestorben. Was stehen geblieben ist, sind die Stämme. Wie erloschene Fackeln. Und die kippen auch bald um. Die Industrieabgase enthalten zudem noch leicht anderes giftiges Zeug, von denen man noch gar nichts weiß, was es eigentlich ist. Man schweigt sich darüber aus. Man will die Leute nicht mehr als notwendig verrückt machen. Bei geschlossener Wolkendecke, und das ist das Schlimmste dabei, ich sage Ihnen das, man könne flennen, müssen die Brüxer Schulkinder, sobald sie die Häuser verlassen, Gasmasken tragen. Es ist wahrlich weit mit unserem Fortschritt gekommen! Das ganze Klump, der Raubbau mit der Kohle hat sich überhaupt nicht gelohnt. Die Kohle brachte uns nur Unglück. Die neuen Brüxer haben das Teufelswerk tausendfach verflucht. Das kann ich beschwören, Herr Edgar! Ich weiß, was ich rede. Und wer redet das nicht hinter vorgehaltener Hand?

Alle Straßen von Teplitz führen irgendwann zum Kurpark. Es ist ein Ort, an dem sich die Großen der Welt getroffen haben.

So auch dieses Mal. Edgar findet ohne Anstrengung einen Parkplatz. Von weitem, sobald man den Promenadenweg beschreitet, ziehen sich die Rosenbogen dahin, die eigentlichen Kolonnaden aus besseren, aus kaiserlich, königlichen Tagen. Der Kommunismus verachtete derlei dressierte Blumenmenagerien. Überladen mit Kletterrosen sind die Blumengitter heute wieder. Rosen sind Überlebenskünstler, so scheint es. So wie damals isses,

sagt Edgar zu Josef.

Das Schöne bleibt, Herr Edgar, das ist meine Philosophie.

Daß Sie sich nur nicht irren, Sie Optimist. Einer eigenartigen Philosophie frönen Sie da, mein Lieber. Die meisten machen das Schöne kaputt, haben ihre Freude dran.

Sie bleiben vorerst etwas unentschlossen beim Wagen stehen. Ihm scheint, als ob die Szenerie mit den Parkbäumen und den Rasenstücken wesentlich kleiner sei als früher. Jedenfalls gedrängter. Und den kleinen Springbrunnen dort drüben gibt es immer noch? Wie leise der vor sich hinspringt, fast heimelig. Er könne sich an dieses Fleckchen Erde genau erinnern. O, ja! Seine Großmutter Agnes sei bei diesen Spaziergängen im Kurpark stets dabei gewesen und sein Urgroßonkel aus der Forstgasse, der auch. Der erst recht. Er liebte diese Parklandschaft, seinen Schlosspark. Er sprach jedes Mal von seinem Schlosspark. Er war ein echter Teplitzer. Der Onkel Vinzens Dürr wollte ständig, dass sein Urenkel neben ihm her ginge, artig an die Hand ginge, er gönnte ihm keine Sprünglein. Und als dieser Onkel Vinzens mal nicht dabei war, da sei er als Bub unter den Rosenbogen lärmend hindurchgerannt und hätte die Badegäste gefragt, warum diese Blumen so viele Stacheln hätten. Und wozu? Ja, genau so war´s gewesen. Und das Andiehandgehen mochte er noch nie recht leiden.

Beide lachen. Die Schwefelluft war verschwunden oder sie hatten sich daran gewöhnt. Ein leichtes Herbstlüftchen kommt auf, bewegt das gefallene Laub. Rollt die Blätter vor ihren Füßen her. Die Sonne steht recht schräg für diese Jahreszeit. Sie malt sich ihren eigenen Himmel. Leuchtendes Rot mit bläulichen Übergängen. Die Passanten sind von der Promenade verschwunden. Ihre Kleidung war einem Park nicht angemessen.

Das Badehaus im Jugendstil erbaut, war noch immer so grau, vielleicht heute noch grauer als damals. Ein kompakter Bau. Er schafft daher einen solchen Abstand, erzeugt eine solche Kühle fürs Gefühl, dass man das Gebäude nicht gern betritt. Und die Plakate davor waren nicht einladend, ziemlich unmodern, dabei schrill. Er dachte daran, dass einstmals Beethoven und Goethe in der Nähe waren, ganz nahe, ohne gegenseitige Anteilnahme zu zeigen. Zwei Sonnen, deren Corona sich nicht berührte.

Diese Nacht wälzt er sich schlaflos in einem harten Bett in einer neuen Herberge herum. Es war trotzdem ein besonderes Bett. Denn es stand in Teplitz. Er würde erst morgen früh, so stellte er sich seine Ankunft vor, zu seinem Geburtshaus nach Turn hinausfahren. Turn ist ein Stadtteil von Teplitz. Also erst morgen! Als ob er sich vor etwas zu fürchten hätte. Jetzt da er am Ziel ist, käme es auf einen Tag mehr oder weniger nicht mehr an.

Josef war gegen Abend nach Litvinov zurückgefahren.

Die Herberge war so gelegen, dass er früh morgens geradewegs vom Fenster aus „seinen Schloßberg" zu sehen bekam. Er meinte feststellen zu können, dass dieser nicht so hoch sei wie der Brüxer. Aber aus einem Magmakern bestehe der jedenfalls auch. Es ist ja der Bruderberg. Er liegt inmitten von Baumgruppen auf flachem Land, das von diversen Straßen und Industrieanlagen zerschnitten wird. Darüber hängt dräuend weiß wie ein zarter Nebelschleier eine dieser modernen Giftwolken. Edgar schließt das Fenster. Eine Weile betrachtet er das Aufkeimen des Tags mit seinen ungewohnten Lauten und fremden Stimmen und fremden Sprachen. Unter seinem Fenster rauscht ein Omnibus vorüber und schüttet an seiner Haltestelle schreiende Kinderstimmen in die Luft.

*　　*　　*

Kolonnaden, etliche Meter weiter der Kirchplatz, auf welchem gleich drei Kirchen stehen, davor ein asphaltierter Platz. Zur Straße zu erhebt sich ein Brunnen mit einer Figur, der Stein ist geschwärzt nach so langer Zeit. In früheren Jahren diente der Platz den religiösen Prozessionen, in den Vierzigern als Sammel- und Aufmarschfläche für die Hitlerjugend. Der Platz hat was erlebt!

Nun vorüber am Bahnhof Bad Teplitz-Schönau. Er ist gut zu erkennen, denn so sieht in dieser Region jeder Bahnhof aus. Eine Allee führt geradeaus vom Bahnhof weg und mündet auf eine Hauptstraße. Auf dieser Straße gilt es nach links abzubiegen. Früher befuhr diese Straße die Straßenbahn. Die gibt es heute nicht mehr. Dafür Busse. Nach etwa einem Kilometer erhebt sich die Rote Kirche. Von da an wieder links, eine breite Doppelstraße tut sich auf, dort geht´s hinauf. Zwei Querstraßen sind zu überfahren, Laubbäume bereichern das Bild, dann weiter, bis sich die Straße teilt. Die linke Abzweigung ist die ehemalige Wilhelm-Gustloff-Straße mit der Hausnummer 3. Heute führt sie für deutsche Zungen einen kaum auszusprechenden Namen.

Er steht vor seinem Geburtshaus, erkennt es sogleich wieder. Er hätte es aus allen Gebäuden dieser Welt wiedererkannt. Er parkt den Wagen gegenüber. Denn davor ist kein Platz für ihn. Stille. Die Zeit bleibt stehen. Aber nur für ihn. Er hatte sich diese Gegenüberstellung ganz anders vorgestellt. Oft genug hatte er sich in Gedanken damit befasst, wie wird das sein? Und heute, da es real geworden ist, eigentlich auf ihn zugewachsen ist, fühlt er sich völlig hilflos. Etwas Bitteres ist dabei. Die Geräusche der Straße dringen nicht an sein Ohr. Er hört überhaupt nichts mehr. Es rauschen Gegenstände sowie Fahrzeuge an ihm vorüber, auch Menschen, die Straßenbahn, die schnauft die Anhöhe hinauf. Manches ist noch so wie es einst war, „wie es war", pocht es in ihm: Macht das eine Stimme? Wie war, damals. So, damals. Nein, und doch nicht. Etwas, etwas Großes ist anders. Die Straßenbahn holpert daher. Hier an dieser Stelle hatte man ihn mit seiner Mutter unter den

Flüchen der Rotgardisten aus der Haustüre gedrängt, aus dieser Haustüre, hatte ihn mit seiner Mutter auf einen schmutzigen Lastwagen hinauf gezerrt, einer dieser roten Teufel hat ihm sein Spielzeug aus den Händen gerissen und es auf die Straße geworfen, dass es zerbrechen musste...
Er glaubt, er hätte diese Details vergessen. O, nein, die Bilder kehren wieder und wieder, sie sind stärker als alles Denken, als der Wille zum Vergessen sein kann, als Worte es je vollbringen könnten. Das Erinnern ist eine zu große Macht, und es kennt keine Gnade.

Aus dem Friseurgeschäft im Parterre, die Leute hießen damals Jedlischka, werden Taschen geworfen, die Eheleute werden direkt aus dem Haus getrieben, und Schreie, ihr habt eine halbe Stunde Zeit! Raus mit euch! Und dazu verbale Beschimpfungen, Beleidigungen, ordinäre Ausdrücke. Der Familie Eichhorn ergeht es nicht anders. Oben im ersten Stock wohnt eine Frau mit ihrem Kleinkind. Daran kann sich Edgar nicht erinnern, was sie mit ihr taten. Diese Frau hieß Glotsche. Ein Transport fährt vorüber. Ein Flasch-back! Und da war noch ein anderer Lastwagen mit deutschen Frauen und Kindern. Überall herumstehende Rotgardisten mit dem fünfzackigen roten Stern auf ihrer Mütze, sogar am Kragen. Im Arm Maschinenpistolen. In den Händen einen Gummiknüppel als Zeichen ihrer Macht. Einige von denen tragen Phantasiekostüme, denn sie haben sich selbst zu Befreiern und Schergen ernannt, und sich zum Wahnsinn der Vertreibung bekannt. Edvard Benesch selbst hat den Mob auf die Deutschen losgelassen. Diese Beutegeier sind gar nicht von der russischen Kommandatur eingesetzt worden. Machen das Hinauswerfen der Deutschen auf eigene Faust. Ihr abartiger Haß macht die Regie. Und es scheint ihnen Freude zu bereiten. Und ihre von Haß und Wut verzerrten Gesichter dazu! Manche grinsen. Es gelingt ihm sich in die Gegenwart einzuklinken.

Der Spuk ist vorüber.
Er hat ausgeträumt.

Tatsache ist: Die Hausfassade ist unverändert, nur der Anstrich ist neu. Damals ein Beige, heute ein freundliches Gelb, kein aufdringliches. Die Fenster sind ohne Vorhänge. Alles macht einen sauberen Eindruck. Geparkte PKWs verstellen den unteren Teil des Gebäudes. Den ersten Eindruck hält er mit dem Fotoapparat fest, ganz gleich, wie viel von dieser Hausfassade verstellt oder zu sehen ist. Sie werden ja nicht ewig davor parken.

Er wünschte, er wäre hierher nicht allein gefahren.
Er war damals alt genug, um zu begreifen, was in diesen Junitagen 1945 in diesem Stadtteil Turn vor sich ging. Er meinte, alles überwunden zu haben. Er hatte wirklich geglaubt, an diesen Ort fahren zu können. Geglaubt hatte er das.

Jetzt erst bemerkt er neben sich eine fremde Frau.
Sie müsste längere Zeit dagestanden sein. Sie spricht deutsch mit Akzent, so wie es alle Tschechen sprechen. Ob er mit ihr kommen wolle, fragte sie ihn. Hier gegenüber seien ein Spinnerei- und ein Webereibetrieb eingerichtet. Das seit Jahren. Ob er sich die Stoffe ansehen möchte. Sie seien von guter Qualität, wenn nicht von bester. Sie sagt es, wie sie es meint. Die Frau hatte wohl den Fotoapparat bemerkt, sagte aber deswegen nichts. Auch hatte sie ihn längst dabei beobachtet, wie er gegenüber das gelbe Haus nicht aus den Augen ließ, wie er auf dem Gehsteig aufgeregt auf- und abging. Er wäre nicht der erste Deutsche, der hierher gekommen ist. Nach so langer Zeit. Wie der sich umsieht. Was ist anders geworden? Was ist davon geblieben? Leben da noch Bekannte? Nein, ein Bleiben ist nicht. Zu vieles ist fremd. Zu vieles gibt Rätsel auf. Das Grauen jener Junitage hat die Zeit noch nicht abgewaschen. Es stellen sich meist dieselben Fragen. Fragen, die keiner beantworten kann. Und die Frage: Warum bin ich zurückgekehrt?
Solchen, mit suchenden Augen, wie diesem Mann, ist die Frau in dieser Straße öfters begegnet. Sie, die ehemaligen Eigentümer, diese Deutschen, kommen hierher zurück und schauen, schauen schweigend, was ihnen einst gehörte, was man ihnen ge-

nommen hatte. Und damit nicht genug, es kommen deren
Kinder und Kindeskinder, die eigentlichen Erben dieser Areale, dieser Häuser. Die Kinder schauen ebenfalls, versuchen
nach Skizzen und Beschreibungen ihrer Eltern die beschlag-
nahmten Häuser zu finden. Beschlagnahmt vom Narodny
Vybor auf Grund eines allgemeinen Dekretes der Prager Regierung. Der Benesch Dekrete. Beschlagnahmen ist ein rechts-
widriges, völkerrechtliches Vergehen, es kommt einem räube-
rischen Verbrechen gleich, das sich auch im Nachhinein nicht
sanktionieren läßt. Sie wissen das, die Tschechen wissen das
nur zu gut. Es lastet zentnerschwer auf ihrem Gewissen.
Die Frau versucht ein Gespräch mit ihm anzuknüpfen, sie
will ihn ausforschen. Sie fühlt, es ist ein Heimgekehrter. Sie
will den Grund seines Hierseins erspüren. Sie fasst nach
seinem Fotoapparat. Das hat er nicht gerne. Er deutet dieses
Verhalten als Aufdringlichkeit. Man scheint sich nicht zu
verstehen. Nein. Sie läßt von ihm ab, deutet auf das gelbe
Haus, nickt mit dem Kopf. Sie begreift schließlich, dass er
damit allein sein will. Daß er keine Erklärungen braucht, dass
er vor allem kein Mitleid duldet. Hier schon gar nicht. Noch
lange ist er an diesem Ort nur so da gestanden. Unentschlossen? Als ein parkendes Auto wegfährt, ist die Sicht auf die
Haustür frei gegeben, und er macht sogleich ein weiteres
Foto. Zwischen gestern und heut´ liegen Jahre, dröhnt es in
seinen Ohren. Mit diesen Worten wird er ein weiteres Kapitel in seinem Buch beginnen. Es ist ein guter Einstieg in
seine neue Geschichte.

Die Biergaststätte gegenüber mit den weitgefächerten Kasta-
nienbäumen darüber ist noch vorhanden so wie sie einst war,
ausgestattet mit Holztischen und harten Stühlen im Innenhof.
Dieser ist dreieckig. Die reifen braunen Früchte fallen in Scha-
ren von den Bäumen herab, springen auf den Tischen auf,
entfliehen so ihren stacheligen Gehäusen. Über dem Gartentor
ist noch das stolze Schild des ehemaligen deutschen Gastwirts
„Gemütlichkeit" gespannt. Seltsamer Weise in deutscher Sprache. Sie haben es zu ändern vergessen.

In der Gaststube bestellt sich Edgar einen Schweinebraten mit böhmischen Knödeln und Sauerkraut, dazu ein Brüxer Bier, das es hier gibt, und wie er sich das Gesicht der Wirtin so betrachtet, erkennt er in den Zügen dieser alten Frau das ehemalige Gastwirtskind, welches die Gäste nur mit dem Namen „Mausi" riefen. Die Wirtin erkennt in ihrem Gast den Nachbarsjungen nicht.

An den Kreuzwegstationen in Most treffen sie sich wieder. Josef ist mit dem Rad da. Müde sieht er aus. Er machte den Umweg über den Rössel, wie er sagte, und freigenommen hätte er sich auch. Edgar konnte sich dieses Manöver nicht vorstellen. Dazu waren seine Ortskenntnisse zu ungenügend. Was ihm noch fern im Ohr klang, waren die beiden Ortsbezeichnungen wie Saras und Rössel. Manche benutzen auch das Wort Ressel. Beide Ortnamen sind im Gebrauch.
Vor ihnen tat sich zum Berg hin eine weiße Villa auf von einer dicken Mauer umfriedet.
Hier, von ihr gegenüber, der Straße entlang, sie heißt Gorencz-Allee, begannen die einzelnen gemauerten Kreuzwegstationen. Lauter kleine Altäre. Die Altarbilder waren entfernt oder übertüncht worden. Ein großer kultureller Schaden war dadurch entstanden.
Eigentlich wollte ich Lehrer werden, sagte Edgar M.N. unvermittelt. Diese weiße Villa wollte ich mir zusammensparen. Das geht von einem Lehrergehalt, so dachte ich als Kind. Welch eine Vorstellung! Was eben im Kopf eines Buben so herumspukt. Eisenbahnschaffner war nie mein Wunsch gewesen. Jedenfalls dachte ich nie daran Schriftsteller zu werden. Dann wird man etwas, was man nie werden wollte. Stimmt´s, Herr Josef?
Sie steckten ihre Köpfe durch die schmiedeeisernen Stäbe des Herrenhaustores. Der Wandbrunnen an der gegenüberliegenden Mauer war noch da. Alles ebenfalls weiß mit der Marmormaserung. Nur sah dieses Prunkstück heruntergewirtschaftet aus. Früher makellos rein, weiß, in hellem Marmor. Es ist doch Marmor? Die neuen Besitzer, eigentlich, die Enteigner haben

keinen Sinn für Werte gezeigt, für Kostbares. Heute linst der Grünspan aus allen Fugen. Und Werte erhalten? Kennen sie das? Für wen denn? Wo sie doch Kulturgut nur hassen. Rechts und links erheben sich die Treppen zur Villa empor, welche eher als Palast als als Wohnhaus zu bezeichnen ist. Im Garten edle Bäume. Es sind die alten. Sie wuchsen still vor sich hin.

Der Wunsch nach einem solchen Haus hat sich tief in Ihrem Inneren geprägt, Herr Edgar?

Ein Kindertraum, weiter nichts. Trotzdem hängen viele Gedanken daran, ob man will oder nicht, verstehen Sie das? Und jetzt, da ich davor stehe, und mir diese Villa ansehen darf.

Sie treten mehrere Schritte zurück. Allein das schmiedeeiserne Tor hat als ein Kunstwerk zu gelten. Übermannshoch, florale Jugendstilarbeit, ein Märchen von einem Tor. Der Einlaß zu einem Garten. Es ist einfach prächtig. Es kommt einem Wunder gleich, dass es niemand von ihnen bisher erachtet hat, es zu stehlen oder wenigstens zu beschlagnahmen, um es vornehm auszudrücken,
bemerkt Josef.
Josef lächelt in sich hinein.
Wie recht Sie haben. Mir scheint, dass denen viel Kostbares aus deutschen Besitztümern entgangen ist, weil sie den Wert nicht erkannt haben. Die Swoboda-Armee hat unter anderem aus Nichtwissen vieles zerstört. Mit Absicht zerstört. Heute bereut man es, glaube ich. Es gibt von uns genügend Leute, die diese Dinge erhalten möchten. Nur fehlt ihnen das Geld dazu. Man sollte im nachhinein diese Zerstörer zur Verantwortung ziehen. Noch leben etliche von denen. Mir selbst sind welche namentlich bekannt. Ich selbst kenne einige. Und sie haben die Stirn, sich noch in der Öffentlichkeit zu zeigen. Herr Edgar, die haben viel wieder gut zu machen. Das sage ich als Tscheche zu Ihnen. Ich spreche das aus, weil ich als Deutscher fühle. Ich bin direkt zerrissen in meiner Seele. Stehe zwischen zwei Lagern. Manche wollen darüber nicht sprechen. Wieder

andere, es sind die Jüngeren von uns, wollen wissen, was damals 1945 wirklich geschah mit den Deutschen. Es brodelt unter unseren Füßen, der Boden, auf dem wir stehen, ist politisch kochend heiß. So fühle ich es. Es ist aber nur meine persönliche Meinung. Als Gärtner und als Kind der Erlebnisgeneration kann ich nicht anders reden. Meine Vorfahren hätten damals mit nach Deutschland gehen sollen. Es war ein Fehler zu optieren.

Etwas rechts von der Brücke, welche hinunter zur Dekanalkirche führt, hat sich Edgar in einen alten grauen Kasten, über dem „Hotel" steht, eingemietet. Der viereckige Parkplatz mit vier Autos davor hatte ihm einigermaßen Vertrauen eingeflößt. Schließlich wollte er nicht im letzten Moment seinen Wagen geklaut bekommen. Besonders, da ihm der Portier im heimatlichen Dialekt versprach, auf seinen Mercedes aufzupassen. Von seiner Portiersloge hätte er einen direkten Blick auf den Wagen, behauptet er felsenfest im gebrochenen Deutsch. Edgar steckt ihm den kleinsten Geldschein zu, damit er seine Aufmerksamkeit steigern kann. Der Portier bedankt sich mit einem breiten Grinsen.

Er will soeben sein Gepäck ins Hotelzimmer in den ersten Stock hinauf befördern, als Josef wie ein Deus ex Machina aus dem Boden wächst. Und er verriet keineswegs, wie er so schnell hierher gekommen sei, und woher er wusste, dass er sich in diesem Hotel gerade eingemietet hat. Edgar M.N. nimmt ihn mit auf sein Zimmer. Und es kommt ihm plötzlich zu passe, diesem Josef seine neugeschriebene Geschichte vorzulesen. Josef wollte darüber hinaus etwas über die Borschenhexe erfahren. Warum eigentlich nicht?

Ist sie nicht die berühmteste in „unserer" Gegend?

Er griff einen Absatz aus dem Text heraus, aus seinem zweiten Kapitel, das sich mit Unholden befasst.

„Unter der Hand der Deutschen verwandelten sich zu jener Zeit die Urwälder im Inneren Böhmens. Das Land begann sich zu lichten. Die Pflugschar ihrer Bauern machte den Boden fruchtbar."

Josef nickt zustimmend:

Gerade so war's, Herr Edgar.

„Es war die Zeit von Graf Eppo, als nachhaltig behauptet wurde, dass in dem seltsamen Berg, welcher wie ein Hut aussähe, eine bekannte Magierin hause. Es war just auch die Zeit der umherziehenden Zaubermeister, der Gelehrten und zugleich der wundertuenden Ärzte wie Paracelsus, Doktor Faustus und Edvard Kelley. Erwartete man doch von solchen Berühmtheiten Rat und Hilfe für die Schwierigkeiten seines Lebens zu erfahren. Verjüngungsrezepturen, Heiltränkchen. Es war ja die Zeit, in der man blindlings an Wundertaten glaubte. Bilane, die Herrin dieses Naturfelsens war denen gerade so ebenbürtig. Um diese Frau winden sich mehr als zwielichtige Geschichten und Geschichtchen. Zuerst soll der Zugang zu ihrem Zauberberg, der ihr Zuhause war, normalerweise unauffindbar gewesen sein. Und diese sei, wie es hieß, schwer aufzuspüren gewesen. Sie erschiene ausnahmslos solchen, welche frei von Schuld wären, behaupteten manche.

Jemand, der diese Frau in einer Notlage im Berginneren aufsuchte, soll später folgendes berichtet haben:

Büsche hätten sich auf einige Worte der Magierin hin geteilt. So trug es sich zu, dass sich sogar der Fels von selbst auftat, um sie einzulassen. Beim Schein einer Fackel, sobald sich das Auge an die Düsternis gewöhnt hatte, erkennt man über einem qualmenden Feuer einen großen Kessel, in welchem es brodelt und siedet. Man darf ihm nicht zu nahe kommen. Die Wände aus reinem Fels zieren allerlei Zaubergerät, getrocknete Kräuter und Wurzeln. Vielen soll sie einen Zaubertrunk mitgegeben haben. Die Magierin soll sogar farbige Steine zu Pulver zerrieben haben, ganz fein, als Beigaben zu ihrer Zauberkochkunst. Nicht zuletzt hatte sie auf einem Regal eine Sammlung verschieden getrockneter Knochen bereit liegen.

Man fragt sich, ob sie diese auch für ihren Zauber verwendete."

So wie ich die Geschichten der Archivarin durchsehe, so werden diese Sagen um den Phonolithberg von ernstzunehmenden

Autoren in den wunderlichsten Ausschmückungen wiedergegeben.

„Spielleute sollen bei ihr am besten angeschrieben gewesen sein. Die hatten bei ihr einen Stein im Brett. Geholfen hat sie sogar Königstöchtern und auch Menschen von niederem Stand. Sie machte da keine Unterschiede. Weiß Gott, was sie in dieser Gegend alles getrieben hat. Und so nimmt es nicht wunder, dass ihr das eine gewisse Berühmtheit eingebracht hat. Ihr Ruf soll bis zum Königshof von Prag gereicht haben. Und was noch bemerkenswert an ihr war, dass ihr Hilfsgeister geholfen und beigestanden haben. Das waren Katzen und Eulen und pechschwarze Raben."

Ihren Text finde ich interessant, Herr Edgar. So könnte ich nie schreiben.

Das brauchen Sie auch nicht, Herr Josef, das brauchen Sie wirklich nicht. Sie wissen so vieles über die Natur, über die Flora. Und sie haben mit Pflanzen zu tun. Pflanzen sind die dankbarsten Geschöpfe des Universums. Eine Welt für sich. Gäbe es keine Menschen und keine Tiere. Die Pflanzen würden der Erde genügen. Es gäbe auch Kämpfe. Nur schleichend langsamere.

Eine lange Pause entstand. Ihre Denkräume waren von einander zu weit entfernt. Josef knüpfte den Faden wieder an:

Eigentlich dachte ich bei mir, Sie würden von Teplitz erzählen. Von Ihrem Geburtshaus in Turn. Oder waren Sie gar nicht dort gewesen?

Schon, schon, nur in einem Atemzug darüber zu sprechen, fällt mir schwer, wenigstens in diesem Augenblick. Es sind doch Jahrzehnte her, und die Veränderungen, die über diese Straße hinweggezogen sind, sind unüberbrückbar für mich. Herr Josef, vielleicht wäre es besser gewesen, ich wäre nicht allein dorthin gefahren. Sie hätten mitkommen sollen. Es gibt zu tiefe Erschütterungen. Zwischen Asche und Himmelsmusik. Ein Gang wie zu den Müttern.

*   *   *

Niemand kann sich seinen Geburtsort aussuchen.
Ein Schriftsteller, der dort geboren ist, wird diesem Ort für immer verhaftet bleiben. Es wird für ihn keinen schöneren Ort mehr geben. Dagegen einfacher ist es für solche, welche in New York, in Paris, Berlin oder gar in Kairo zur Welt kamen. Solche Stätten sind von vornherein, was Bedeutung und Interesse garantieren, bevorzugt. Wer möchte schon einen Roman über eine total von Schaufelbaggern zerstörte Stadt lesen, einen Roman über eine geschundene Stadt, über eine Region, über die zeitlebens erst die Hussiten hergefallen sind, und die später von ihren Widergängern mit klirrenden Förderbändern aus dem Boden gehoben worden war. Dass das passieren konnte, ist nur damit zu erklären, dass man diese Stadt aus einem Erbhaß heraus, aus Zorn und Wut heraus schon seit Jahrhunderten vernichten wollte. Mehrfach standen die Horden der Prager brennend und mordend vor ihren Mauern. Vor dieser herrlichen und „Königlichen Stadt". Verflucht und zerstört wurde sie. Ein schlimmes Schicksal. Die Kohlegewinnung war zweitrangig, ein fadenscheiniger Grund. Die Vernichtung galt dieser Stadt und ihren Bürgern allein. Endlich haben die Prager, die Erben der Hussiten, welche nie die Stadt legal zu besiegen vermochten, sie gekriegt. Denn die Kohlevorkommen reichen bis weit hinüber zum Gebirge. Sie hätten überall nach Braunkohle buddeln können. Und nicht nur das. Die Braunkohlevorkommen reichen weit bis unter das Erzgebirge hinunter. Dazu hätten die Tschechen nicht eine ganze Stadt zerstören müssen. Eine ganze Stadt und achtundzwanzig Ortschaften dazu. Jetzt lastet dieser Fluch Kelleys weiterhin auf ihren Zerstörern. Und worauf steht das neue Most? Hat sich jemand darüber Gedanken gemacht? Oder ist es auch verboten, die Wahrheit zu sagen? Na, worauf steht sie? Auf Kohle, wie die neuesten Messungen ergaben. Nichts kann sich in die Erinnerung besser einprägen, als eine Stadt, die es nicht mehr gibt. Die Zerstörer dieser Stadt haben sich ein Gewissen erworben, das ihre Herzen ein Leben lang brennen läßt.
Oder sollte man sich an solche Dinge lieber nicht erinnern?

Das Erinnern ist nicht zu definieren.

Aber man kann darüber schreiben.

Das Erinnern soll Vergessenes zurückholen, es soll dem Vergessen Einhalt gebieten, soll ihm trotzen, ja, es soll Vergessenes zurückholen, von dem man nicht weiß, wie viel davon dem Vergessen wirklich anheim gefallen ist. Und das, was das Vergessen nicht an sich gerafft hat, wird zur heißen Quelle der Erinnerung.

So ist das Erinnern auch gleichzeitig ein Geschenk des Unbewussten: Dort, wo das Erinnern lange Zeit ruhen durfte und seine Kraft sammeln konnte.

Das Gedächtnis ist der wunderbare Ort, an dem sich die Erinnerung ausruhen durfte, es ist die Stätte, der man das Erinnern entlocken kann, schließlich ins Bewusstsein heben kann, sobald man es braucht.

An wie viel sich ein Mensch erinnern will, hängt allein von ihm ab.

An wie viel er sich wiederum erinnern kann, hängt von diesem wundersamen Ort in seinem Organ, dem Gehirn ab.

Das Gehirn ist auch der Sitz anders wirksamer Kräfte und Gegenkräfte. Sie verbinden die verschiedenen Ebenen aus der Erinnerung und können sie zu einem neuen Ganzen zusammenfügen, so, als gehörten sie schon immerwährend in dieser Weise zusammen.

Das Erinnern geht nicht linear vonstatten. Es erschafft sich erst eine eigene Ausdrucksentbindung. Es fließt von Ufer zu Ufer. Zäh oder flink. Es bewegt sich einmal schneller, und einmal langsamer, es nimmt nicht den kürzesten Weg. Es leistet sich Umwege, Einschnitte, Tiefgänge, Verwicklungen, Inkonsequenzen. Es schafft Splitter, es malt Bilder. Es reißt Wunden. Es schafft sich so seine eigene Gesetzmäßigkeit, strukturiert sich selbst. Rückblicke heben die Zeitschritte auf, Zeit fließt verschieden lang dahin, und endlich tritt alles den Weg nach Außen an, schafft sich mit Gewalt an die Oberfläche, das heißt, vom Gefühlsdrang, zum Gedanklichen, oft nicht rational, nicht schlüssig. Ein komplizierter Weg bis hin zur Niederschrift am Papier.

Ein Buch materialisiert sich schließlich.
Aber vielleicht ist das Erinnern auch noch etwas ganz anderes, und man muß die Vergangenheit noch einmal erfinden?
Aber das steht auf einem anderen Blatt.

Als ich vor drei Tagen die ersten Kilometer ins Böhmische Land hinein fuhr, glaubte ich an ein Wunderding. An ein anonymes Ding, dem ich sogleich begegnen würde, das sich ereignen würde. Ich war überwach. Ich würde endlich nach Hause kommen, nach Hause. Fünfzig Jahre sind ein gewaltiger Zeitsprung und nicht so ohne Weiteres zu überbrücken. Ich glaubte, eine andere Luft an mir vorüberziehen zu spüren. Ich dachte nur an eines: Heimatluft. Ist sie das? Das muß sie sein. Es gibt hier nichts anderes. Dazwischen lernte ich Blitze des Glück zu empfinden, sogar einen empfindlichen Schmerz körperlich zu verspüren, welcher mir durch und durch ging. Gleich wird etwas Unerhörtes passieren! Es muß ja. So meinte ich. Wie klang es in mir? So wie Himmel, Paradies, grenzenloses Vertrauen, Geborgenheit, Licht und Glanz. Mir schien es kurzzeitig, es wäre mir vergönnt, eine Bresche, eine Blickgasse in die Unendlichkeit bis hin zur Seligkeit zu schlagen. Nur für Augenblicke, nur für Augenblicke. Da war kein Raum für Realitäten. In diesem Zustand, in den ich mich selber hinein manövriert hatte, fuhr ich auf den nächsten Parkplatz. Ich war wach und auch wieder nicht, ich war in einem wirren Zwischenreich gelandet und noch Minuten lang in ihm gefangen: Zwischen unendlicher Sehnsucht und im Zustand des Aufgewühltseins betrachtete ich die Landschaft. Man ist kaum noch richtig vorhanden. Etwas fühlt für einen, denkt für einen, handelt eventuell für einen. Ja, so betrat ich mein Böhmisches Land, näherte mich unseren Bergen daheim.

Sie haben sich sehr viel von Ihrer Reise in die Heimat versprochen. Viel zu viel, Herr Edgar. Sie kommen auf Gedanken, die ich nie denken werde. Ich bin ja zu Hause. Und das ist der Unterschied. Wer zu Hause ist, denkt nicht an Heimat. Denkt manchmal sogar an: nur fort, nur fort von ihr. Sie haben mir sehr geholfen. Es muß schwer sein, die Heimat verloren zu haben. Aus ihren Worten spricht ihr Herz. Ich habe nur diese einfachen Worte zur Verfügung. Mehr fällt mir dazu nicht ein. Aber betroffen gemacht haben Sie mich sehr.

Eine lange Schweigepause tritt zwischen den beiden ein.

Ich würde Sie gern, Herr Josef, morgen Nachmittag vor unserer Stadtkirchen in Brüx treffen, wenn Sie einverstanden sind. Werden Sie kommen?

Ich werde, Herr Edgar, ich verspreche es.

Edgar sah ihm nach, wie er sich aufs Rad schwang und davon fuhr. Er behielt ihn noch eine Weile im Blick. Darauf zog er sich aufs Hotelzimmer zurück, um seine frischen Eindrücke aufs Papier zu bringen. Vor allem orientierte er sich über die Verschiebung der Stadtkirche. Die Archivarin, diese sympathische Frau Doktor, hatte dieses Buch selbst geschrieben. Und sie hat es ihm handsigniert zum Geschenk gemacht.

Sein Blick fiel auf das Bündel Sagen.

Dabei begann er die abgezogenen Texte zu lesen: Die Sagen um Brüx und um Teplitz herum. Auch die Orte wie Dux, Ossegg und Noimitz waren vertreten. Der Hexer von Noimitz, ein Kapitel für sich. Im angrenzenden Gebiet des Erzgebirges war es ebenfalls nicht geheuer, wie hier zu lesen steht. Ein sagenumwobenes Reich auf pechschwarzem Grund, der Kohle. Er blättert weiter: Dort trieben sich vor allem Wassermänner und Silberschätze verbergende Erdgeister herum. Sie sollen nachts für undurchdringlichen Nebel gesorgt haben, sollen behende ganze Nebelbänke herbeigezaubert haben. Nur so, von einer Minute auf die andere. Und sie ließen sie genauso plötzlich verschwinden, sobald sie einem Menschen wohl wollten. Dort nachts einher zu wandern schien den Aufzeichnungen nach ein höchst gefährliches Unterfangen gewesen zu sein. Dann war da noch eine Sage, wonach seine Heimatstadt Teplitz, das heißt, die Thermalquellen, welche an diesem Ort dicht unter dem Erdboden vorkamen, von einem Schwein entdeckt worden seien. Eine Sau aus einer Herde hätte zufällig eine solche Quelle losgetreten und sich dabei verbrüht. Das Schwein brüllte. Eine sehr lustig dargestellte Geschichte. Sie trug auch den Titel „Das Schwein von Teplitz". Vorwiegend behandelten alle diese alten Texte das Vorhandensein von Hexen und Hexern und anderen Meistern. Man staune nicht wenig, auch von Hexern! Was bis dato von diesen Vorstellungen im Volksmund übrig geblieben ist, waren Handleserinnen und Kartenlegerinnen, manchmal auch Pendlerinnen und Rutengängerinnen. Er erinnert sich, dass seine Mutter einmal mit ihm eine solche Frau aufgesucht hatte, welche beides in einer Person verkörperte. Und das war nicht unweit jener Wilhelm-Gustloff-Straße, in der sie damals das Haus mit der Nummer 3 bewohnten. Sie wohnte in einer Nebengasse hinter der Bibliothek. Wie hatte er sich doch gefürchtet, da er noch nie eine solche makabre Wohnungseinrichtung zu Gesicht bekommen hatte. Trotzdem, er nahm sich zusammen, und um seiner Mutter keine Schande zu machen, benahm er sich so artig wie er es in dieser Situation bloß vermochte. Er würde es in seinem Buch so aufnehmen, so direkt und in allen Details, wie es ihm seine Erinnerung zurückgäbe. Es war eher eine gruselige Angelegenheit als eine erfreulich anmutende. In solchen Zeiten wie damals griffen alleinstehende Frauen nach jedem Strohhalm, um sich für ihr Leben irgendwelche Haltepunkte zu schaffen. Seancen mit einem Medium und anderer Hokuspokus waren an der Tagesordnung, wie man weiß. Man könnte auch leichtens behaupten an der „Nachtordnung". Natürlich waren solche esoterischen Zusammenkünfte und ähnliche skurrilen Gesellschaftsspiele verboten. Aber die Leute scherten sich nicht um sogenannte Erlasse, Vorschriften und Verbote mit Versammlungscharakter. Sie trieben´s geradeso weiter wie bisher. Weiß Gott, es wurde aus der Hand wahrgesagt, gehext, gependelt, gekartet . Selbst der Kaffeesatz war vor deren Orakeleien nicht mehr sicher. Und die Geister kamen meist persönlich auf Anrufung. Manche wollen solche gesehen haben, manche sogar mit ihnen gesprochen haben. Fast jeder Tisch war zum Tischrücken geeignet, ob rund, ob eckig, ob sonstgestaltig. Die Tische hoben sich vor den Auserwählten auf Kommando. Das ging nicht leise vor sich. Nein, keineswegs! Geister machen Geräusche dazu, je nachdem aus welcher Dimension sie kommen. Die Zeiten, in denen vom Himmel die Bomben gnadenlos fielen, waren für solche Praktiken hervorragend geeignet. Der Aberglaube trieb mächtige Blüten. Manche meinten, es handle sich sogar um kulturelle Veranstaltungen. Poldergeister sollen sich ebenso ein Stelldichein gegeben haben wie andere ortsübliche Phänomene das offensichtlich mit Bravour taten. Besonders anfällig dafür waren die kalten Winternächte nach Weihnachten. Freilich. Gleich war das ein gesellschaftliches Ereignis, bei dem man nicht fehlen wollte. Man brachte Gleichgesinnte mit. Mit schwarz eingefärbten Kerzen wurde viel Unsinn getrieben. In ihrer Gegenwart ging ein Schaudern durch die Gesellschaft, ein leises Raunen. Ein zustimmendes Staunen. Ein Betroffensein besonderer Art. Man mochte nicht genau hinsehen, denn allein vom Hinsehen könnte man ja das Unheil an sich ziehen und nicht mehr loswerden. Und wer wollte das schon? Das Umherschwingen goldener Ringlein war zum Volkssport geworden. Hatte ja fast jeder eines. Und wie war das mit den Schlüsselhinumdherschwingen? Diese Praktik war in der Lage, Gut und Böse zu unterscheiden. War diese Welt von sich aus nicht schon böse genug? Gab es nicht in jeder Familie einen Sohn oder einen Ehemann, der vom Krieg nicht mehr zurückkehrte? War das Unheil nicht bereits in unsere Stadt eingezogen? Freilich. Alle hatten das gemerkt, wie so allmählich alles schlimmer wurde, wie der Krieg die halbe Stadt auffraß, und immer mehr aus ihr herausriß. Wie eine Riesenhand krallte der Krieg nach ihr. Machte Plätze, Straßen und Gassen unsicher, weiß Gott, er verwandelte das gemeinsam Geschaffene in ein stetes und fühlbares Chaos.

Nachts verläßt Edgar das Hotel und läuft wie ein Nachtwandler der Brücke zu. Das Ende der Brücke liegt im Ungewissen. Ein leichter Wind bläst ihm ins Gesicht. Völlig gedankenverloren erreicht er die Brücke. Dort drüben das bleiche Licht vom Bahnhof. Von hier aus besieht er sich die in Schwarz gekleidete Dekanalkirche weiter unten, die jetzt bei den Tschechen Mariä-Himmelfahrtskirche heißen muß. Der Himmel ist sternenklar, und die Leuchtfeuer der Petrochemie flackern punktartig vor den Bergen auf und nieder, fast wie Irrlichter, verlockten zum längeren Hinsehen. Welch ein Hohn! Ein grauenvoller Anblick. Ähnlich wie die Lichter auf den Höllenbildern eines Hieronymus Bosch tanzen sie einem entgegen. Nein, genau so, nicht nur fast. Die Realität überholt im Moment die Phantasie. Stellt diese in den Schatten. Wie schaudert es ihm.

VIERTER TEIL

Eine späte Gräfin

Josef war mit einem Wagen gekommen, einem Kleinlader aus einem Gärtnereibetrieb. An der Seite war eine Rose abgebildet, eine Gemalte, so rot wie nie. Auf der anderen Seite stand „MOST" geschrieben.

Er hatte Edgar von weitem erkannt, wie er ihm in seiner lässigen Gangart über die Brücke entgegenkam. Vor der Kirche war ein Parkplatz angelegt worden. Freilich überfüllt war der nie. So etwas kennt man hierzulande nicht. Die wenigsten besitzen Autos. Der Platz ist auch nicht dazu angetan, dass man Wagen angesichts eines Gotteshauses stiehlt. Jedenfalls nicht solche mit tschechischem Nummernschild. Nicht einmal die Zigeuner tun das. Ein Funken Respekt ist ihnen geblieben. Wer weiß, wie lange noch.

Am Portal wartet eine Frau, ein weiblicher Portier sozusagen. Sie verkauft Eintrittskarten.

Was soll denn das?

Ruft Edgar.

Außerdem ist das der falsche Eingang. Der Einlaß war stets das Nordportal.

Josef zahlt. Da tut sich vor ihnen eine Art Vorzimmer auf. Bücher werden angeboten, Zeitschriften. Farbige Prospekte auf Glanz- und Mattdruck. Es stehen Ansichtskarten zum Verkauf, sogar Landkarten, alte sowie neue. Tschechisch und zweisprachig. Unablässig betrachtet Edgar die Preisschilder. Er schüttelt mit dem Kopf. Sogar Videos, Disketten, Farbdrucke, Faksimiles, Farbdias einzeln und in Serie. Eine sitzt in einem Glashaus vor einem Monitor und befingert nervös eine Tastatur. Sie trägt eine Hornbrille und will nicht angesprochen werden. Die vom Portal vorn macht hinter ihnen her und will den beiden unbedingt etwas verkaufen. Von drinnen dringt Orgelmusik heraus. Sie wollen aber nicht kaufen. Die mit der Brille kommt hinter ihren Apparaturen hervor. Sie tut erstaunt. Sie hat eine schrille Stimme, mit welcher sie deutsch spricht. Doch trotzdem will Edgar von hier kein einziges Buch.

Steht nicht im Neuen Testament die Geschichte von der Vertreibung der Händler aus dem Tempel? Steht es da, oder steht es nicht da?
Sagt Edgar laut und deutlich.
Edgar hat eine unbequeme Eigenschaft: Er ist sehr präzise.
Da sind wir ja weit gekommen,
bemerkt er verärgert,
sehr weit. Und Eintritt in eine Kirche? Das gibt es bei mir nicht. Ich zahle nicht! Basta!
Mit diesen Worten betritt er durch das Westportal die Kirche.

Josef bemüht sich ihm klar zu machen, dass eine Kirche im Denkmechanismus des Kommunismus nicht zum Beten verplant sei, erst recht nicht diese und nicht in diesem gottfernen Land. Eine solche Kirche sei eine Art Museum. Der Kommunismus brauchte weder den lieben Gott noch ein Sakralgebäude, um darin zu wohnen. Gott existiere überhaupt nicht. Mit allen Kirchen machte man das so: Den lieben Gott raus, die Kunst rein. Jetzt ist die Hallenkirche ein Konzertsaal. Eine wunderbare Akustik, nebenbei gesagt, hat sie. Die Halle ist wie geschaffen für Konzerte. Das Gebetsgestühl, das kunstvoll geschnitzte, hat man lange schon entfernt und eine einheitliche Bestuhlung in Blau etabliert. Wohlbemerkt in blau, nicht rot. Lauter einzelne Stühle, welche miteinander stabil verbunden sind. Damit sie keiner wegtragen kann? Denn es gibt unter uns immer noch Leute, welche Stühle dringend brauchen können,
bemerkt Josef gedämpft.
Edgar lacht. Sein Lachen hallt.
Nur in Europas Kirchen sind derartige Ansichten unbekannt. Vollkommen suspekt. Ob man das hören will oder nicht. Es ist so. Europäisch ist das keinesfalls.
Und übrigens, wo ist die Turmuhr, wo ist ihr Zifferblatt geblieben? Diese Kirche hatte eine Bezifferung unter ihrem Turmhelm. Zu sehen ist keine. Na, ja, auf das Stehlen von Uhren haben sie sich schon lange verstanden, sie hatten sich schon damals regelrecht aufs Uhrenklauen spezialisiert!,
mault Edgar.

Ich kann mich gut daran erinnern, wie sie in den Maitagen herumrannten und „Uri, Uri" schrieen, in tschechischer wie in russischer Sprache. Und alles, was tickte, übte eine magische Anziehungskraft auf sie aus. Bald hatten wir Deutschen überhaupt keine Uhren mehr.

Entgangen ist der Karteneintrittsabreißerin keinesfalls der kritische und vorwurfsvolle Blick der beiden. Wie um sie gnädiger zu stimmen, spielte eine von ihnen auf der Orgel ein Präludium von Bach.
Wenigstens lassen sie Bach gelten,
bemerkt Edgar.
In wenigen Minuten hat er mit seiner Minolta die wichtigsten Bilder aufgenommen, obwohl das Photografieren untersagt sein soll.
Sie haben lange Zeit nur so dagesessen. Gesessen auf blauen Stühlen, welche, wie Edgar feststellte, fest miteinander verhakt waren. Übrigens blau, und nicht rot, dachte Edgar bei sich. Ein Wunder!
Herr Josef, wo ist eigentlich der mehrstöckige eiserne Leuchter hingekommen? Der vor dem Altarraum?
Ich hab´ noch nie einen da hängen gesehen, Herr Edgar. Das müssen Sie mir glauben. Warum sollte ich lügen? Es gab nie einen.
O, ja, der hing an einem starken Seil von der Decke herab. Auch dieser ist also verschwunden?

Sie erhoben sich, das Präludium brandete seine letzten Akkorde durch den Säulenkörper. Edgar deutete nach oben. An der Decke war genau ein gemalter Kreis zu erkennen. Hier hat der Leuchter gehangen, an einem festen Seil. Der Leuchter ist auf allen Abbildungen zu sehen. Also, hat man ihn verschwinden lassen?
Josef sah hilflos drein.
Wie soll ich das wissen?
Das bedeutet, dass er seit Jahren nicht mehr da hängt. Mir ist das nie so aufgefallen, dass etwas an dieser Stelle fehlt. Komisch, auf den alten Postkarten ist der Leuchter vorhanden, noch vorhanden.

Auf dem Tabernakel steht die Figur der Saraser Madonna, ganz in Gold. In ihrem alten zeitlosen Glanz. Das Schnitzwerk ist nicht besonders groß. Wohl das wertvollste Stück, wenn man es vom kunsthistorischen Wert her betrachtet. Auch diese Madonna zieht eine Sage nach sich. Kennen Sie sie?

O, ja, welcher Brüxer kennt sie nicht? Diese Figur soll dem Schwerthieb eines plündernden Soldaten ausgewichen sein? Damals bei der Zerstörung des Kloster Saras. Ist es nicht so, Herr Edgar?

Schon, schon,

Edgar runzelt die Stirn, er meint, etwas dringend ergänzen zu müssen:

Nur, alle gotischen Plastiken weisen diese S-Form auf. Diese Bewegung ist ein typisches Kennzeichen der späten Gotik, einer ausklingenden Kunstepoche. Eine in Bewegung geratene Kunstform. Alle Spätformen in der Kunst weisen dieses instabile Merkmal auf. Das Streben, das Ausgreifen nach allen Seiten hin.

Und glauben Sie, dass dem Schwert des Klosterzerstörers in Saras die Figur, dieses Stück Holz, hätte ausweichen können?

Edgar ist erstaunt über diese materialistische Auffassung des Gärtners. Die kommunistischen Bildungsinhalte von ehemals prägten besonders seine Generation. Wie sollte es in einem solchen Umfeld noch Raum für alt hergebrachte Werte und ideelle Überlieferungen geben?

Wenn ich etwas dazu sagen dürfte,

flüstert eine Frauenstimme.

Ich tätige die Führungen in dieser Kirche, in diesem Gotteshaus. Für mich ist das eben nicht nur ein Konzertsaal, sondern ich muß sagen, dass hier wieder von vielen gebetet wird. Die Zeiten des Kommunismus sind endgültig vorbei. Oder scheinen vorüber zu sein.

Sie spricht akzentfrei, stellt sich mit ihrem Namen Erika Sy. vor. Von Beruf sei sie Germanistin. Studium in Prag. Daher ihre flüssige deutsche Aussprache. An ihrem Nachnamen hing das obligatorische –ova, leider war ihr tschechischer Nachname so schwierig auszusprechen, dass Edgar ihn weiterhin in seinen Texten mit Sy. benennt.

Es war, wie die Sage berichtet.

Betont Frau Erika Sy.:

Die Figur hätte sich während der Zerstörung des Kloster Saras tatsächlich bewegt. Und irgendwann brachte sie eine Nonne, die am Leben geblieben war, in diese Kirche. Seitdem steht sie da.

Wir stehen vor dem Altar. Die Figur hat eine besondere Aura, das ist wahr. Und nur der Glaube kann ein solches Bildnis zum Leuchten bringen. Josef nickt mit den Worten:

Ich glaubs´ euch ja.

Der spätgotische Dom, denn ein solcher ist er kunsthistorisch, wird nach beiden Längsseiten von Nebenaltären flankiert. Man bemerkt, dass Edgar nach etwas Ausschau hält. Und er sucht etwas Bestimmtes auf der rechten Frontseite. „Das Kindlein im Feuer". Das ist es, wonach er Ausschau hält. Das großflächige Holzschnitzwerk von damals, das Bildnis aus seinen Kindertagen, nur in Holz, ohne Fassung. So intensiv er auch der Kirchenführung das Schnitzwerk an der Vorderfläche des rechten Nebenaltars beschreibt, so sehr behauptet sie, dass sie davon nichts wüsste. Und schließlich kenne sie jeden Winkel des Doms seit Jahren. Man muß es irgendwann entfernt haben. Aber wohin?

Ich weiß, dass es das Kindlein im Feuer gegeben hat. Genau weiß ich es. Als Kind hatte es mich über alle Maßen berührt.

Sie stehen vor der Schutzmantelmadonna. Sie hat die Kindlein in ihren Mantel genommen, sagt sie, denn sie suchten alle bei ihr Schutz. Die Figurengruppe ist nicht höher als 70 Zentimeter. Datiert wird das Holzschnitzwerk etwas nach 1500.

Sie erzählt von dem sächsischen Meister, der die Figuren erschaffen hat, berichtet von seinem Umfeld, von seinem einmaligen Schicksal. Der Kirchenraum ist fast menschenleer. Sie hören ihre Schritte über dem Fußboden tönen. Wie die Steine klingen. Genauso wie damals. Sie laufen einmal um den ganzen Altar

herum. Hinter dem Hochaltar führen Treppen empor, auch eine
Tür ist vorhanden. Sie ist verschlossen. Ihre Augen kosten die
Konstruktion der gotischen Streckung aus. Ein Verweilen ist
notwendig. Der Hall der Kirche trifft auf sie hernieder. Zieht
ihr Bewusstsein wie eine Gegenkraft in die Halle empor.
Sie redet wie ein Wasserfall, sie macht die Führungen fast jeden
Tag. Edgar notiert. Es sind wichtige Hinweise:
„Da entschied die Regierung im Hinblick auf die kulturelle
Bedeutung die „Maria-Himmelfahrtskirche" zum Nationalen
Kulturdenkmal zu erklären. Die Tschechen sagen „Maria-
Himmelfahrtskirche" zu ihr. Für die Deutschen bleibt es die
Stadtkirche oder die Dekanalkirche. Schließlich ist dieser Dom
als ein Gipfelwerk der Spätgotik zu begreifen. Es boten sich
in den brisanten Jahren der Planung drei verschiedene Lösun-
gen an, „um die Kirche zu retten" : nämlich den Baukörper an
Ort und Stelle auf einem immensen Stützpfeiler aus Kohle zu
belassen und den Baukörper zu befestigen, oder die Kirche
auseinanderzunehmen und an anderer Stelle wieder neu auf-
zubauen. Als letzte Möglichkeit entschied man sich, den Dom
als Komplex zu verschieben. Es war die schwerste Lösung. Sie
haben richtig gehört, zu verschieben, hydraulisch zu verrücken.
Sie fuhr regelrecht durch die Böhmische Landschaft. Eine
horrende Aktion auch für Touristen, welche diesem Schauspiel
mit Kameras beiwohnten, damals im Jahre 1975. Ab dem 30.
September bewegte sich die Kirche 841,1 Meter mit einer
Geschwindigkeit von 2,16 Zentimetern in der Minute auf ihren
neuen Standort zu. Am 27. Oktober war ihre Reise zu Ende.
Sie hatte ihr Ziel erreicht. Ein Transfer ganz besonderer Art,
der nicht ohne die Zusammenarbeit mit ausgewählten Wissen-
schaftlern und Spezialeinrichtungen gelingen konnte. Eine
Rettungsaktion sondergleichen. Und wir stehen hier auf dem
entsprechenden Sockel, auf dem Unterbau, auf dem das Bauwerk seine Reise angetreten hatte".
Weiß man, wie schwer dieser Baukörper war, als er bewegt
wurde?
Sie überlegt eine Weile.

Man spricht von 12 000 Tonnen Gewicht. Empfindungsgemäß müsste der Dom schwerer gewesen sein.

Vom Altar quer durch das Längsschiff durchmessen sie jetzt die Strecke bis zum Taufbecken. Über ihren Köpfen das hochgotische Kreuzrippengewölbe in Blütenform schwingend. Das Gewölbe scheint ein Eigenleben zu führen. Denn man denkt bei diesen fliegenden Schwüngen nicht an die Materie Stein. Wie ein Blütenhimmel ohne Materie, ohne Haftung an chtonische Elementarkräfte. Die Steine des Fußbodens erklingen weiterhin bei jedem ihrer Schritte.

Sie stehen vor dem Taufbecken.

Es ist datiert um 1590,

führt sie weiter aus.

Weißer Marmor mit dunklen Säulen abgesetzt, die Einfassungen. Die Figuren weiß und in Gold gekleidet, ein mehrstöckiger Aufbau ... sagt nicht Pontanus in seiner „Bruxia", der Taufstein sei der „Brunnen zur Wiedergeburt"?

Langsam schwindet sein Empfinden, sein Zeitraumgefühl für vorhandene Realitäten. Er nimmt lediglich ein Vorüberrauschen einer Stimme noch wahr. Sie entfernt sich noch weiter. So als drifte er in eine andere Dimension ab. Hindurch durch eine schmale Öffnung? Er nimmt nur punktuell wahr. Als schaue er durch ein Fenster in eine andere Räumlichkeit hinein. Vor seinen Augen verschwimmen die Konturen der Figuren mit dem oberen goldenen Kreuzbalken. Er hält sich am schmiedeeisernen Geländer fest, welches das Taufbecken umschließt.

Mit leisen Worten verlassen die beiden den Dom durch das Nordportal.

Draußen steht der Dom wie ein Block für die Ewigkeit.

Der Himmel um ihn herum ist strahlend blau. Josef zieht ein zusammengefaltetes Stück Papier aus seiner Rocktasche.

Eigentlich wollte ich Ihnen das vor der Kirche geben. Hab´s wieder mal vergessen, ich Trottl, ich hab´s dem Dekan abgeschwatzt. Denn so was darf einfach nicht nach draußen gelangen, sagt er. Und ich musste ihm das versprechen.

Eine Kopie zwar nur von einem Matrikel. Aber genug für Edgars Recherchen. Ein Nachweis für eine Geburtsurkunde seiner Mutter aus dem Oberleutensdorfer Kirchenamt.
Ich, mein´,
so Josef,
das andere kriegen mir auch noch hin, nuwwer?
Josef sagte zum ersten Mal das Wörtlein „nuwwer", was bei Deutschen so wie bei Tschechen gleich viel wie „nicht wahr" hieß. Edgar nimmt dieses Wort auf und läßt es in seinem nächsten Satz für Josef vorkommen. Josef lächelt, versteht, und streicht sich verlegen durch die blonden Haare.
Immerhin haben sie nicht alle Dokumente vernichtet,
sagt Josef.
Wir können auf etliche Jahrgänge vor der Jahrhundertwende hoffen. Sie sind noch einzuordnen, sagt unser Dekan.

Wie sie auf der Brücke waren, fing der Wind vom Süden her an zu pfeifen. Ein gnädiger, lauer Luftwirbel. Ein besonderes Wehen. Das Bild nach Norden zu war momentan von einer unbeschreiblichen Klarheit. Unter ihnen rollte der Zug in Richtung Bilin, ein Personenzug. Keine rußige Lokomotive mehr, kein rauchender Schornstein mehr, der die Leute in einem solchen Augenblick schwarz macht wie früher. Fast fehlt Edgar dieses heimatliche Erlebnis des Geschwärztwerdens aus der Stadt seiner Eltern.
Als sie sich auf der Brücke verabschiedeten, sah ihm Edgar lange nach, wie Josef aus seinem Blickfeld verschwand. Er starrte in die heraufziehende Dämmerung hinaus. Plötzlich fühlte er sich sehr alleine.

✳   ✳   ✳

In dieser Nacht schlief Edgar M.N. schlecht. Mehrmals wachte er aus seinen Alpträumen auf, welche stets mit derselben Eingangszene begannen. Sobald er in den Schlaf hinabglitt, befand er sich allein in einem Raum, in einem leeren fremden Raum, der sich allmählich perspektivisch nach rückwärts verkürzte. Er fand seinen Abschluß am Ende einer Querwand mit einer dunklen Tür. Es war beim genaueren Hinsehen nur ein Türrahmen mit einer dahinter vorkommenden dunklen Fläche, die ins Bodenlose führte. Hier ging es also hinaus: Er bewegte sich beinahe schwebend dem Auslaß zu, hatte alle Mühen vorwärts zu kommen. Da unterbrach eine Stimme sein Vorhaben, eine weibliche, doch eine betont dominante Stimme. Plötzlich schrie diese: ab urbe condita. Sie konnte nicht seine Stadt gemeint haben. Damit meinte jeder nur Rom. Und wieder: ab urbe condita.

Die Szene wurde fürchterlich. Er meinte, sich auf einer Bühne zu befinden. Das hätte vieles geklärt. Nein, sogleich befindet er sich in einem Turm. Übergangslos sieht er sich auf einer langen Leiter stehen. Er meint gerade auf ihr zum Glockenstuhl hinaufsteigen zu müssen. Er meinte, die schwindelnde Höhe fühlen zu müssen. Aber er war unempfindlich für Höhen und Tiefen geworden. Er glaubte, sein Körper gleite schwerelos dort hinauf, einer zentnerschweren Glocke entgegen. Das Rund der Glocke ist direkt über ihm.

Als er erwacht, greift er nach einem Glas Wasser neben seinem Bett. Was war mit diesem „ab-urbe-condita"? Absurd. Was für eine Stadtgründung? Dabei zog es ihn bereits in die neue Schlafphase hinein, und er träumte fast dasselbe noch einmal. Und die Glocke war wieder da, genau über ihm, nur noch größer, sie begann langsam ins Schwingen zu kommen.

Während der dritten Traumphase schien der Raum derselbe und die Glocke ist verschwunden. Der Raum hatte jetzt weder Decke noch Boden. Nach oben kam der blanke Himmel hindurch. Er rückte mit seinen Sternen in eine greifbare Nähe. In der einen Ecke des Zimmers saß das Kindlein, jenes Schnitzwerk aus seinen Kindertagen. Nur war es hier nicht dem Feuer preisgegeben. Es lächelte ihn sogar an. Und es sah so natürlich aus. Es war nicht mehr in der Holzfigur eingesperrt. Als ob ein böser Zauber außer Kraft gesetzt worden wäre. Der Bann, der Traum, das Erwachen, das Erinnern, alles auf einmal ... es setzte ihm zu.

Träume sind oft ein Spiegelbild der Eindrücke gemischt mit den Tageswachwünschen und Vorstellungen der vergangenen Stunden. So träumte er weiter, er schwimme in diesem Zimmer umher. Alles fühle sich angenehm an. Wärme, Vertrauen, Wohlbefinden. Das Zimmer ist mit Wasser angefüllt. Unter Wasser nahm er eine Uhr wahr. Sie verfügt zugleich über mehrere Zeiger, die sich unkoordiniert nach verschiedenen Seiten bewegen. Sich auch lösen, um davon zu schweben. Als der Traum schließlich zum Alp wurde, sprang er verstört aus dem Bett, öffnet die beiden Fenster nach Norden zu. Draußen irrlichtern die Feuer auf den Abgasleitungen vor dem Gebirge umher. Also auch nachts dieses Rumoren. Ein Bild der vollkommenen Ernüchterung. Und wieder Bedrängnisse.

Er schließt die Fenster. Ein seltsamer Geruch macht sich im Zimmer breit. Er hätte es wissen müssen, dass die Dämpfe auch nachts, und besonders nachts von allen Seiten umherströmen. Benommen legt er sich zurück ins Bett. Und weil sich der Schlaf vor lauter Bedrängnissen nicht einstellen wollte, nimmt er sich die Kopie des Dokuments von Josef vor. Kein rechter Hinweis auf die Abstammung seiner Großmutter Agnes. Ihre Mutter Marie war genannt, nicht der Vater. Wer in aller Welt versteckt sich hinter diesem Vater, seinem Urgroßvater? Und da das Ganze von damals in tschechischer Sprache abgefasst war, und noch dazu handschriftlich, wie das üblich war in schwungvoller Schönschrift, gibt der Schein noch etliche andere Rätsel auf. Josef wird ihm das in aller Ruhe übersetzen müssen. Morgen, sobald er diese Nacht überstanden hat. Aber vor dem Morgen hat er Angst, wenn er sich das Gefühl ehrlich eingestehen will.

Gegen morgen schläft er ein, verfällt in einen Tiefschlaf, so daß ihn erst die Stimmen der Schulkinder an der Bushaltestelle aufschrecken. Sieben kleine Jungen. Einige vorsichtige von denen tragen Atemmasken. Es war also keine Einbildung von heute nacht. In der Atmosphäre war dieses unsichtbare, dieses schleichende Gift umhergezogen. Und jetzt ist helllichter Tag und das Giftzeug breitet sich schwebend weiter aus.

Edgar fuhr zur ehemaligen Tschöpperner Höhe hinauf. Fotos will er von der neu besiedelten Gegend machen. Er steigt deshalb in die Elektrische ein. Früher schlich diese, das heißt ihre Vorgängerin, langsam die Anhöhe hinauf, heute fährt sie mit einer ungewohnten Geschwindigkeit dieselbe Strecke ohne Mühe ab. Er besieht sich den Schloßberg von der anderen Seite. Noch breiten sich über seinem Wald die Frühschatten aus. Die Burg Landeswart sieht aus, als wolle sie strahlen. Gegen den grellblauen Nordhimmel wirkt sie unnatürlich klar wie auf einer Postkarte, wie auf einer aufdringlich bunten, nebenbei gesagt. Die eingelassenen Fensterscheiben am Turm oben schicken irre Lichtblitze über die Ebene. Früher hatte die Landeswart unter dem Turmhelm keine Verglasung. In dieser altertümlichen Umgebung wirkt der Baustoff Glas wie ein Fremdkörper. Eine unnütze Zutat.

Auf der anderen Seite hat man sich etwas Komisches einfallen lassen, was nun gar nicht in diese Landschaftsformation passt. Die neuen Moster bildeten sich ein, sie müssten sich eine Autorennbahn, ein sogenanntes Autodrom, anschaffen. Monströs ist es jedenfalls. Und es inszeniert sich selbst. Das sieht jeder von weitem. Amerikanisch mutet das an. Und es passt nicht hierher. Es stellt sich die Frage, ob dieses Gebilde als ein kulturelles Ereignis zu werten ist. Die Rennbahnen grenzen unmittelbar an den Breitenberg an. Exklusiv? Modern? Globalisierend? Überdreht? Am falschen Platz? Soll ein solches Riesenspielzeug passend zur Zeit sein? Ein Autorennen inmitten von Giftwolken. Giftwolken, der Gipfelpunkt einer rasenden Zivilisation?

Von diesem Punkt aus übersieht man die ganze ausgedörrte Erde, die Ebene, flach wie ein Tisch mit ihren tiefen Scharten, mit ihren Wunden, den ausgefransten Rändern, den ausgehöhlten „Kohlelöchern". Die Menschen hören sie nicht. Aber die Erde schreit noch immer laut genug. Die Schätze des Landes sind ihr aus dem Leib gerissen. Auch die Erde fühlt. Glaubt nicht, dass der Boden das alles unbeantwortet hinnehmen wird. Glaubt es nur nicht! Die Zeit mit den rasselnden Förderbändern und der Schaufelbagger ist vorüber. Nur ist das nicht alles. Mit der Natur sollte man keine Geschäfte machen, nicht seinen Spaß treiben. Sie rächt sich auf ihre ihr geziemende Weise. Das tat sie schon immer.

Mit dem endgültigen Abriß der Stadt sind achtundzwanzig Ortschaften gleich mit zerstört worden. Ausradiert. Weg von der Bildfläche. Menschenentleert, entseelt. Man stelle sich diese zerklüfteten Regionen vor. Unbrauchbar gemacht. Die Erde liegt da wie ein Brachfeld. Wie man weiß ist Ähnliches in Deutschland im Rheinland vor sich gegangen. Auch anderswo auf dieser Welt rissen sie das Land auf. Die Strafe folgte auf dem Fuße. Aber noch nie wurde eine ganze Stadt abgerissen. Noch nie! Das hätte keine Regierung erlaubt. Ein solcher Beschluß kann nur den Gehirnen von Wahnsinnigen entstammen. Eine andere Erklärung kann es dafür nicht geben. Auch heute nicht nach so vielen Jahrzehnten der Zerstörung.

Edgar beschließt, die andere Strecke um den Berg bis zum Hotel zu Fuß zurückzulegen. Zwischen den Bäumen tauchen einige Wohnhäuser aus der alten Zeit auf. Manches wurde neu hinzugebaut. Die Fotos, die er unterwegs aufnimmt, sprechen Bände. Es bedarf keiner Worte mehr. In der Ferne leuchtet der Teplitzer Schloßberg auf, er sagt immer, es sei sein Berg, und im Süden steigt der Buckel des Borschens wie ein Gnom aus dunklem Licht aus der Landschaft empor. Dort hat es einst einen Menschen gegeben, den Borschenonkel, wie sie ihn alle nannten, der mit seiner Musik, seinen Wanderliedern den Leuten manchen Trübsinn weggespielt hat. Das tat er mit seiner Ziehharmonika. Ja, er war eine Berühmtheit in den Zeiten der finsteren Tage und Nächte. Er war nur ein Mal mit seiner Großmutter Agnes da. Doch gemerkt hat er sich alles. Und es steigt wie frisch das Bild dieses Mannes aus seinem Gedächtnis auf. Der Borschenonkel!

Er findet den Anfang des Weges, der zur Burg hinaufführt. Von da aus hat er einen neuen Blickwinkel. Von der gegenüberliegenden Seite, von der Teplitzer Seite her, ist dieser Pfad als helle gerade Linie wahrzunehmen. Wie mit einem Lineal gezogen. Die Biela, das Flüsschen, das von Westen her kommt, hat nicht mehr sein altes Bachbett. Es wurde nicht nur umgeleitet, sondern einige Kilometer weit in Röhren gezwängt, so daß der Wasserlauf aus seiner Richtung vollends gedrängt wurde.

Als Edgar nach zwei Stunden zum Hotel zurück findet, war Josef mit seinem Lieferwagen am Eingang des Parkplatzes vor dem Hotel. Mit dem Portier war er in einen lebhaften Disput verwickelt. Sie unterhielten sich mit Händen und Füßen. Zuerst sah es aus, als würden sie sich streiten, aber beim Näherkommen war das ganze Geplänkel harmlos. Das Temperament war mit ihnen durchgegangen, wie es hierzulande heißt.

Der Dekan von Oberleutensdorf schickt uns nach Ossegg hinüber, genauer gesagt ins Kloster Ossegg. Das ist die neue Nachricht.
Damit begrüßt Josef freudestrahlend Edgar.
Dort würden wir fündig werden. Erstens haben die ein größeres Archiv als wir in Oberleutensdorf und zweitens noch dazu ein gut erhaltenes. Dort sollen die Rotarmisten nicht so schlimm abgehaust haben.
Wer´s glaubt wird selig,
kontert Edgar.
Edgars Zuversicht scheint zu wachsen. Denn seine Großmutter Agnes wurde dort in Ossegg, genauer, im benachbarten Wiesa geboren. Das ist ein winziger Ort. Sie erzählte von diesem Kloster Ossegg, in dem sie von Nonnen kostbare Handarbeiten, besonders aber das Monogrammsticken und das Weißnähen erlernt hatte. Und nach dem Ossegg, heute Osek, bemerkte Edgar, wollte er schon immer einmal.

✳   ✳   ✳

Jedes Kloster kann in dieser Gegend auf eine fast tausendjährige Geschichte zurück blicken. Bei diesem Kloster sind die Tausendjahre zwar noch nicht vollständig erbracht, trotzdem, sie werden sich erfüllen. Es ist ein Zisterzienser Orden, der die Gründung in Ossegg vorgenommen hat. Der Ordo Cisterciensium, O.Cist., der in Frankreich seinen Anfang nahm, gegründet 1098. Man weiß, dass mit dem Eintritt des Bernhard von Clairveaux in diesen Orden eine starke Persönlichkeit die Sache in die Hand nahm und der Orden sehr bald an kultureller Bedeutung gewann. Von Frankreich fand er im 12. und im 13. Jahrhundert rasche Ausbreitung nach Osten hin.

Der breitangelegte Bau hat alle Krisen der Jahrhunderte überstanden. Eine lange Mauer umfriedet die Stätte, an der aus mehreren schlossartigen Häusern das Kloster angelegt worden ist. In weiser Voraussicht hat man es so geplant, dass die Mönche über alles verfügten, was zum Leben notwendig ist. Zum Beten und zum Arbeiten. Beim Eintritt in das Areal findet man zuerst mehrere Höfe vor. Der erste Vorhof ist der ausgedehnteste. Er ist mit Tausenden „Katzenköpfen" aus bläulich grauem Basalt, einem Stein aus dieser Gegend, gepflastert, zwischen dessen Fugen die herrlichsten Gräser und auch Wiesenblumen sprießen dürfen. An den Seiten ehemalige Ställe, Wirtschaftsgebäude, Vorratshäuser und verschiedene Nutzgebäude. Das Prinzip einer geometrischen Ordnung muß man suchen. Man wird sie finden. Dort stellen die Besucher sehr gern ihre PKWs ab, wenn sie zum ersten Mal auftauchen. Sie tun dies mit ehrlicher Scheu. Mit einer gewissen Ehrfurcht und Neugier an diesem so friedfertigen Ort.

Josef dirigiert Edgar sogleich in den zweiten, engeren Vorhof hinein, hier ist er der göttlichen Heiligkeit näher, wie er lächelnd bemerkt, und aus Respekt vor der Würde des alten Ortes deutet er auf die altehrwürdigen Bäume, welche etliche Jahrzehnte auf dem Buckel haben müssen. Und wo der Efeu rankt, nimmt die Strenge der Architektur ab. Bilden Schatten und Sonnenflecken ein harmonisches Gewebe. Schon vom ersten Hof aus ist das Längsschiff der Klosterkirche zu bemerken. Die beiden schlanken Türme dürften noch ihre tönernen alten Glocken tragen. Es ist wie ein Wunder. Ein Atem weht uns an wie aus einem neuen Himmel. Hier gehen die Uhren anders. Und die Welt hat einige

Quadratmeter Frieden hinzugewonnen. Nur darf der jetzige Eindruck nicht täuschen. Im Strom der Vertreibungen hat die Prager Regierung sich im Jahre 1945 nicht gescheut, die deutschen Nonnen aus dem Kloster zu jagen. Und was war deren Vergehen? Sie hatten keines. Sie waren unbescholten.

Sie treffen auf eine Nonne, die sie in die Mensa zum Mittagessen führt. Da geht es vorerst noch durch geräumige Gänge mit Nischen und stark angegriffenen Barockfiguren aus Stein. Überdimensional große Heiligenfiguren. Einige sind stark beschädigt. Der Wind zieht durch die Spitzbogenfenster, welche meist keine Scheiben mehr haben. Der Wind jagt kleine Dinge vor sich her. Auch an einem Brunnen müssen sie vorüber, an einem mächtigen kreisrunden Steingefäß ohne einen Tropfen Wasser.

Später führt sie ein Mönch durch den Rosengarten des Abtes. Einen Abt, einen tschechischen haben sie auch. Leider ist von dem Rosengarten nicht viel übrig. Josef sieht sich dieses Trauerspiel an.

Da gehört ein richtiger Gärtner her oder sogar zwei. Das läßt sich mit den Rosen nicht so nebenbei machen. Rosen sind anspruchsvolle Königinnen. Und überhaupt, diese Erde. Sie gehört erneuert, bearbeitet, gelockert. Ein Wunder, dass auf ihr überhaupt noch etwas wächst. Aus diesem Areal ließe sich bei besserer Behandlung etwas machen. Und dort drüben der Teich! Der gehört gereinigt. Mit schwimmenden Seerosen drin, mit Lotosblüten, das wär doch was, Herr Edgar? Schwäne könnten auf ihm ihre Bahnen ziehen.

Als sie zur nächsten Balustrade treten, dort sich über das Geländer beugen, öffnet sich vor ihnen ein Schlund, ein schwarzer Krater. An den Rändern glimmen vereinzelt Kohlehaufen, als sei die Schmiede des Hephästus mit ihnen aus der Tiefe gestiegen. Und dieser Rauch! Wie beißend er ist! Sich über alles legt! Zu nah liegt alles beieinander.

Das hab´ ich auch noch nicht gesehen,

jammert Josef,

die werden doch nicht ...?

Das mit der Kohle ging schon vor 1870 los. Bergleute und Abenteurer zog es seitdem magisch an. Eine Art Goldrausch? Nur in Schwarz. Fast so könnte man es ausdrücken. Zu dieser Zeit hätte es sich niemand träumen lassen, dass es sich um eine solche Mächtigkeit der Flöze handle. Und kein Gedanke an eine Entdeckung des sprichwörtlich dahergeredeten „schwarzen Goldes". Damals waren längst die Steinkohlefundorte in Ostrau, in Kladno und Pilsen bekannt. Das war ihnen auf Dauer nicht genug. Wie hätte man denn ahnen sollen, dass das Kohlevorkommen hier am Ort solche Ausmaße auslösen könnte. Als damals die Bohrungen begannen, fanden sie einen Kohleflöz von 40 Kilometern Länge vor. Die Kohle reicht bis unter den Schloßberg und sogar bis unters Erzgebirge. Wer nur die hohen Förderziffern für Kohle in seinem Kopf hat und sonst nichts weiß, der darf sich nicht wundern, wenn die Rechnung nicht aufgeht. Kein kommunistisches Regime hatte je das Wohl der Menschen im Sinn, und das Ziel, das Paradies auf Erden zu errichten, bleibt eine Farce, bleibt auf der Strecke. Sie schufen sich ihre Hölle.

Sie werden es nicht mehr wagen, das Kloster in Ossegg abzutragen. Nicht im Jahr 2004,
bekräftigt der Zisterziensermönch.
Obwohl das Kloster auf Kohle steht, sogar bis hin nach Dux steht, dem berühmten Ort, der letzten Lebensstation des Giacomo Casanova Chevalier de Seingalt. Es wird sich diese Tragödie nicht wiederholen. Nein, sie werden es diesmal nicht mehr wagen. Keine Kulturstätte soll mehr abgerissen werden, bekräftigt man in Prag. Der Wahn des Kommunismus ist vorbei, wenn gleich er noch in den Köpfen einiger Leute, welche dort in der Regierung sitzen, fröhlich herumspukt. Auf seiner Informationsfahrt durch Nordwestböhmen hielt der Staatspräsident Havel im Februar 1990 im benachbarten Komotau seine Rede mit dem bezeichnenden Satz: „Nach 40 Jahren kommunistischen Aufbaus ist unsere Heimat kaputt."
Ich kenn' diesen Satz,

betont Josef.

Er ist bei uns zum geflügelten Wort geworden.

Wer wird diesen Satz jemals vergessen? Er hat viel Wirbel ausgelöst. Wie gut, dass es einer von uns so direkt ausgesprochen hat. Er hat es auszusprechen gewagt. Das hat lange gedauert. Und es hat sich für ihn gelohnt. Wer traut sich das schon?

Aber weshalb wir hier sind,

und Edgar wendet sich an den Mönch.

Der Mönch spricht deutsch. Er stammt aus dem Rheinland, und er kam vor Jahren hierher. Wie so viele von ihnen hat es sogar ihn nach Osten verschlagen. Er ist Deutscher. Vielleicht hat er einen geheimen Auftrag.

Mit Absicht unterbricht Edgar dessen Verdächtigungen. Er mag sich in nichts einmischen.

Ich suche,

betont Edgar,

einen Hinweis auf die Existenz meines Urgroßvaters, auf irgend ein altes Dokument, das seine Herkunft nachweist oder mich in eine bestimmte Richtung führt. Deshalb bin ich hierher gekommen. Das ist der einzige Grund meiner späten Reise. Dieser Urgroßvater ist der Vater meiner Großmutter Agnes. Er ist die einzige Person in meiner Ahnenforschung, deren Herkunft völlig im Dunkeln liegt. Meine Großmutter Agnes soll, so wie man in der Familie daherredete, vielmehr munkelte, ein uneheliches Kind gewesen sein. Ich habe das ebenfalls heraus gefunden, dass es noch einen Stiefvater gegeben haben muß. Bereits vor Jahren. Sie wurde am 2. März 1887 in Wiesa geboren. Und so viele Kinder mit Namen Agnes wurden in diesem kleinen Ort an jenem 2. März nicht geboren.

Da haben Sie sich jedenfalls etwas vorgenommen. Einfach ist so etwas nie. Und nach so langer Zeit! Ich weiß nicht, ob Sie da bei uns im Kloster etwas finden werden. Ich weiß es wirklich nicht. Nachforschungen nach Jahrzehnten!

Wie steht es um ihre Archive? Inwieweit sind diese für Privatleute zugänglich? Oder gar nicht? Gibt es Regelungen für Ausnahmefälle? Etwa für Deutsche?

Da bin ich etwas überfragt. Wir haben bei uns einen Archivar. In Ihrem Fall werde ich vorerst mit meinem Abt sprechen, ganz gewiß. Es handelt sich anscheinend um eine ernste Angelegenheit. Eventuell mag sie von öffentlichem Interesse sein. Geben Sie mir etwas Zeit. Ich will es gerne versuchen.

Am Abend besuchen sie gemeinsam die Vesper. Es sind mindestens zwanzig Stimmen, welche diese lateinischen Gebete hinauf in ein Rokoko verziertes Tonnengewölbe sprechen. Mehr singend als sprechend. Alles lateinisch. Es sind eigentlich Dialoge, Anrufungen, Wünsche. Und dazwischen bringen Solostimmen die Vesper voran mit lautmalerischen Glanzpunkten. Die Akustik dieses Hochraums ist wunderbar. Das Längsschiff der Klosterkirche ist eine Laudatio auf die verspielte Schlussepoche des vergangenen 19. Jahrhunderts. Es wimmelt von Girlanden, von Engelsflügeln, von Voluten. Kapitelle, wohin man schaut. Ein Reichtum an Bildern, Figuren und Säulen. Das Leben kennt keinen Frieden. Frieden ist eine Fiktion in der Kunst. Ein Traum für Romantiker. Dort oben ein Friedenshimmel.

Tags drauf sind sie zu einem Gespräch geladen. Es ging sehr schnell. Josef wird als Dolmetscher gebraucht. Er kommt mit. Er freut sich auf seinen Auftritt. Auch das läßt der Abt zu. Er zeigt Interesse für einen Roman, der von dieser, seiner Gegend handeln wird. Als die drei, der dritte ist der Zisterziensermönch, die Treppen hinaufsteigen, steht der Abt zur Begrüßung bereits im Türrahmen und meint ganz ernsthaft:
Sei mir gegrüßt, mein Sohn! Ich hörte, du schreibst einen Roman. Nun, werde ich auch darin vorkommen? Ganz bestimmt? Wer von uns kann sich schon rühmen, in einem Erzählwerk vorzukommen hier am Ende der Welt?
Nachdem Josef diese Sätze vorsichtig übersetzt hatte, lachen sie alle recht herzhaft. Ein herrlicher Scherz! Der Abt setzt zu neuen Formulierungen an. Einige Worte auf deutsch ...
leider spreche ich sehr schlecht deutsch,
erklärt augenzwinkernd der Abt.

Trotzdem versuche ich es immer aufs neue. Und weil ich mich nicht gerne blamiere, muß der Herr Josef, so heißt er doch?, mir den ganzen Sermon übersetzen. Keine leichte Aufgabe bei so unheiligen Dingen. Oder wird ihr Roman ein unpolitisches Buch? Wird es ein gefährliches Buch? Ein problematisches? Jedenfalls kommen Sie mir nicht als ein Traumtänzer der schreibenden Zunft vor.

Ich hoffe es nicht. Ich sammle darin alles Neue, was mir hier begegnet. Es geht um den Wandel der letzten fünfzig Jahre, und was aus diesem Land, meiner Heimat nach der Vertreibung meiner Landsleute geworden ist. Man hat uns damals des Landes verwiesen. Damit ging der Vorhang der Geschichte für uns herunter. Ich bin neugierig auf dieses Land. Das ist alles.

Ich weiß, mein Sohn, die Geschichte ist böse gelaufen, die Geschichtsschreibung, unsere, hat alles verharmlost, was da geschehen ist. Inzwischen wurde die Geschichte neu geschrieben. Die alte in Frage gestellt. Und da es uns nicht allein auf dieser Welt gibt, so wird die Korrektur nicht lange auf sich warten lassen. Es ist eine unerledigte Zeitgeschichte, unsere. Dafür gibt es viel zu viele Zeitzeugen. Die hören nicht auf zu reden. Viele beklagen sich. Und bei Gott spielt die Zeit keine Rolle. Nur die Seelen spielen eine Rolle.

Eigentlich führte der Abt einen Monolog. Er war in seinem Armsessel etwas zusammengesunken. Fast wirkte er ermüdet. Dazwischen richtet er sich wieder auf. Verändert seine Stimme. Das Zimmer war mit mehreren Bildern in schweren Goldrahmen ausgestattet. Sie blickten alle auf ihn nieder. Die Gemälde waren durchwegs in dunklen Farben gehalten bis auf eines. Und das war kein Heiligenbild, sondern ein weltliches, ein farbenfrohes Stilleben aus Früchten und Blumen. Es war das kleinste von allen. Das Bildnis fiel fröhlich aus dem Rahmen.

Alle durchwegs Originale, unterbricht der Abt seine Ausführungen. Dabei zieht er seine Augenbrauen hoch. Seine Stimme klingt leise. Er fixiert den

Ankömmling mit seinen stechenden blauen Augen. Mit einer Hand hält er sich an der Sessellehne fest.

Ich bin sehr stolz auf meine Bildersammlung. Zwei davon stammen von der Burg Eisenstein. Mit dem Grafen pflegten wir gute Nachbarschaft. Die anderen Gemälde sind rechtens erworben worden. Dafür gibt es sogar Belege. Meine Sammlerleidenschaft ist weithin bekannt.

Josef übersetzt synchron und Edgar notiert weiter. Der Abt redet langsam genug; alle seine Gedanken sind bedeutsam. Sogar der kleinste Hinweis zählt. Der Inhalt seines Erzählens wird eine Bereicherung in seinem Romans werden, sicherlich. Das fand der Autor Edgar M.N. bereits nach den ersten Sätzen heraus. Er stellte ihm keine Zwischenfragen, um seinen Gedankengang freien Lauf zu lassen. Oft ist es ein Dahinwerfen einzelner Begriffe, die notwendig werden, um einen Vorgang zu intensivieren, genug Mitteilung. Additive Umschreibungen, dazwischen ein Lob, ein Lächeln, eine vielsagende Handbewegung. Wirksame Unterbrechungen. Und die Frage an seinen Gast, ob dieser bereits sein Geburtshaus in Teplitz gefunden hätte. Und ein Kopfnicken. Großes Einverständnis zwischen den beiden. Und das wegen seiner Großmutter Agnes aus Wiesa würde er sehr bald selbst in Angriff nehmen. Für solche Fälle hätte er längst seine eigenen Methoden entwickelt. Sehr gerne ließe er wieder einmal in dieser Richtung seine Beziehungen spielen. Freilich, versprechen könne er noch nichts. Er sei ein sehr moderner und wendiger Kirchenmann, der sich nicht scheue, sich der neumodischen Apparaturen aus der Computerwelt kräftig zu bedienen. Manche nennen das Teufelswerk. Er nennt es Handwerkszeug zum gerechten Fortschritt. Hauptsache es führt zu einem guten Ergebnis. Dann ist der Teufel ausgeschmiert.

Als sie sich verabschiedeten, meinte der Mönch ganz vorwitzig:

Wenn sich unser Abt in etwas einschaltet, dann klappt das hundertprozentig. Denn an ihm ist ein Detektiv verloren gegangen. So viel steht fest. Das können Sie mir beide glauben, meine Herren. Der hat's faustdick hinter den Ohren, o, ja! Ein Diplomat alten Stils, wenn es sein muß.

Das Gespräch hat sage und schreibe eine volle Stunde gedauert.

Fast hätte ich meinen Kugelschreiber ausgeschrieben, lästert Edgar.

Ob ich alles richtig übersetzt habe, weiß ich nicht. Jedenfalls habe ich mein Bestes dazu getan.

Derselbe Mönch führt die beiden anschließend durch den Obstgarten des Abtes: Kirschbäume und Apfelbäume möchte ich Ihnen zeigen. Eine herrliche Anlage, wirklich, außerordentlich. Und die wachsen nicht von selbst, lästert Josef.

Da steckt volle Arbeit drin.

Meine auch, sagt der Mönch.

Eine Schinderei für einen handwerklich Disqualifizierten wie mich. Dort drüben, die habe ich mit angepflanzt. Ich habe die Erde ausgehoben, durchgesiebt, herumgeschleppt. Drei volle Tage konnte ich mich nicht mehr rühren. Als Dank die Blasen an den Händen. Jetzt sollen weitere Pfirsichbäumchen gesetzt werden. Ganz kleine Stecklinge. Unser Abt will sie unbedingt haben. Sonne wäre genug da. Nur die Luft ist zu schlecht. Manchmal stinkt es. Es grenzt an ein Wunder, dass die Apfelbäume so gut vorwärts kommen. Wenn ich etwas zu melden hätte, würde ich Enten und Gänse für den Teich anschaffen. Eventuell auch zwei Schwäne.

Im Areal daneben liegen barocke Großstatuen herum. Sie sind teilweise stark beschädigt, etliche arm- wie kopflos, und die Feuchtigkeit im Zusammenwirken mit dem aggressiven Schwefel der Luft hat das übrige an den Sandsteinen getan. Unwiedergutzumachende Schäden sind dabei entstanden. Auch jede Anzahl an Sockeln mit Girlanden, Gedenktafeln liegen umher. Sie aufzurichten und an entsprechender Stelle zu plazieren wäre eine lohnende Aufgabe. Natur und Kunstgegenstände ergeben eine harmonische Synthese auf engstem Raum. Es scheint, als hole sich die Natur manches zurück, was man ihr nahm. Von einem einzelnen Kopf, der da im hohen Gras auf bessere Tage wartet, macht Edgar eine flüchtige Skizze. Im Sommer ist er von Zyanen und Mohnblumen umblüht, meint spöttisch der Mönch. Wahrscheinlich ein Gorgonenhaupt, sagt er. Es sieht schrecklich aus. Niemand würde hier so etwas Unchristliches vermuten. Ein Leckerbissen für einen Kunsthändler.

Man sollte den Klostergarten vor geldgierigen Kunsthändlern schützen,

betonte Edgar.

❊   ❊   ❊

Von Schloß Dux sind sie in westlicher Richtung feldein gewandert. Er hatte den Wagen am Ende einer Straße zurücklassen müssen. Josef weiß, das würde ein beschwerlicher Fußmarsch werden. Und er sieht ein, er müsse Edgar auf diesem Wege begleiten. Ihr Marsch dulde keinen Aufschub. Davor gibt es kein Zaudern noch Entrinnen. Es ist ihm klar geworden, dass sein neuer Freund, der Schriftsteller, versessen darauf ist, bis an die Grenzen des Möglichen zu gehen. Einerseits imponierte ihm diese Hartnäckigkeit des Deutschen. Er läßt es zu, dass er ihm unwidersprochen zu folgen bereit ist. Schließlich ist er es auch seinem Onkel schuldig, der in diesem Gebiet umgekommen ist.

Die Straße war plötzlich abgebrochen, in einem Sumpf von Abraum und wildwuchernden Büschen abgesoffen. Die beiden Schlossberge sind gleich weit von ihnen entfernt, sind in frappanter Klarheit zu erkennen, diese Zwillingsbrüder aus alten geschichtsträchtigen Zeiten. Oder die Personifikation aus ihren Märchenbüchern „Es war einmal". Hatten die beiden nicht dieselben Märchenbücher gelesen?

Die Ebene des Pontanus war weit und breit von einem Meer Disteln überwuchert. Ein leichter Schwefelduft holt die beiden zurück auf den Boden der Tatsachen. Sie steigen über heraus-

134

gerissene Gleise hinweg, über geborstene Kabel, über zurück-
gelassene Drähte. Der barmherzige Rost hat sie fast aufgefressen. Der hatte genügend Zeit, um sein Werk zu vollenden.
Wem eigentlich gehören die verdorbenen, für immer verdorbenen Äcker in diesem Rostparadies? Wer hat für diesen
Boden die Verantwortung übernommen? Soll das alles weiter
und weiter verrotten? So sieht das Paradies in Nordböhmen
also aus? Wenigstens hat sich Mutter Natur erbarmt und sich
auf ihre Weise das Land zurückgeholt. Bis der Rost auf den
Stacheldrähten das letzte Metall aufgefressen haben wird, ist
auch dieses Problem gelöst.

Vögelschwärme fliegen auf, welche gerade Strauchbeeren
ernteten. Auch die letzten Schmetterlinge torkeln in ihrer
Unbekümmertheit über alles hinweg. Generationen um Generationen taten das zu dieser Jahreszeit.
Die beiden Wanderer steigen über elektrische Kabel hinweg.
Nicht gerade ungefährlich dieses Terrain. Liegengebliebene
Förderwagen, man nannte sie Hunte damals, und Teile von
ihnen lungern noch zerschunden herum. Wenn etwas nicht
mehr gebraucht wird, läßt man es liegen in diesem Land. Das
Terrain zeigt sich weiterhin steppenartig verkommen. Nicht
umsonst redet man daher, dass da noch Blindgänger, Zeitzün-
der und verlorene scharfe Munition aus dem 2. Weltkrieg
herumlägen. Für Josef beginnt die Aktion an Sinnlosigkeit
zuzunehmen, trotzdem, bald holt er Edgar ein, folgt ihm wi-
derspruchslos über eine weite Strecke. Ab und zu bleibt er
etliche Schritte zurück.
Sie ließen ihre Blicke schweifen, setzen vorsichtig Fuß um Fuß.
Gestorbene Erde unter ihnen. Sie halten auf ein Stück Land zu,
das keine Halme mehr tragen mochte. Ein mit Altwasser ge-
fülltes Loch tut sich auf, kündet von vergangenen schrecklichen
Zeiten. Diese Erde hat nichts vergessen. Sie hat ihre Frucht
verloren. Sie verweigert sich neuem Leben gegenüber.

Da muß das Arbeitslager gewesen sein, eines von jenen ge-
fürchteten mit einer zweistelligen Zahl, nämlich der 28. Es hat

ja mehrere von solchen in dieser Gegend gegeben. Aber dieses war das Synonym für Entrechtung und Entmenschlichung und Tod, dieses Striemitz war der Inbegriff allen Fürchtens und Grauens dieser Erde. Wer hat das jemals vergessen können, der hier interniert war? Es sieht aus, als hätten an dieser Stätte die Baracken gestanden. Steine, verrottete Holzteile, solche Relikte gibt es ohne Zahl. Jeder Stein bedeutet einen Toten. Das Spiel, was man betrieb, hieß Tod. Was hier passierte, war menschenverachtend.

Eine Schande für uns!

Sagte Josef.

Welche Bestien hatten hier das Kommando! Wie viele Deutsche haben unsere wohl umgebracht? Wie viele haben sie gequält, gefoltert, nur weil sie Deutsche waren.

Sie sehen sich in der Umgebung um. Blicken zu Boden. Die Frage hängt im Raum: Wie viele Deutsche liegen in dieser Erde verscharrt? Und warum? Es gibt bis heute keine Antwort.

Man kann,

sagt Josef,

das Grauen förmlich noch riechen.

Josef war kreidebleich, als wäre alles Blut aus seinem Gesicht gewichen.

Ob über dem Eingangsportal die rote Fahne wehte?

Das nehme ich an.

Schreit Edgar.

Sie steigen über die Reste eines Wachturms hinweg, welcher wohl eines Tages sein Gleichgewicht verloren hatte und sich in mitten von Büschen und Unkrautfeldern zur Ruhe gelegt hat. Sprachlosigkeit folgt. Irres Staunen.

Und niemand berichtet in der Welt von dieser Stätte, von diesem Stiemitz. Niemand. Josefs Großonkel ist hier umgekommen. Schrieen sie doch: Lauft, rennt – und - dann Schüsse. Und wieder: Lauft, rennt – und -wieder Schüsse. Und das Ganze von vorn. Tödliche Schüsse! Jeder Gedanke wird hier überflüssig. Er erstarrt. Josef kniet nieder.

Das Vorwärtskommen war äußerst schwierig. Zweimal wollten die beiden umkehren. Edgar musste seinen Weggefährten ständig dazu bewegen, auf dem dünnen Pfad mit ihm weiterzugehen. Wie man von früher wusste, war das Land um Striemitz herum vermint. Wer sollte diese Dinger entschärft haben? Wer wohl? Einer jener Kaputtmacher? Also liegen diese Dinger noch herum? Diese Insel kollektiver Verwahrlosung und Verrostung ist das fortschrittliche Produkt eines vierzigjährigen kommunistischen Prinzips. Mauerreste, Drähte, Drähte, Drähte, Zementbruchstücke. Bleche und nur Unrat.

Edgar setzt sich auf eine kleine Treppe, die wie ein Wunder inmitten dieses Chaos zurückgeblieben ist. Er nimmt seinen Block vor und notiert folgendes am Ort des Grauens:

„Aus dem Arbeitslager Striemitz wurde nach der glorreichen Befreiung durch die Rote Armee im Mai des Jahres 1945 ein Straflager mit der Nummer 28. Es soll das schlimmste, das berüchtigtste der Gegend gewesen sein. Einige der Schergen von Beneschs Gnaden führten ihr menschenverachtendes Regiment. Ein Straflager für deutsche Zivilisten. Männer und Jungen zwischen 16 und 60 Jahren wurden aus ihren Häusern bzw. aus ihren Wohnungen getrieben. Zuvor von ihren Familien getrennt. Sie wurden auf das Übelste beschimpft. Hakenkreuze wurden ihnen auf den Rücken gemalt. Oft wurden sie mit Messern ins Fleisch geschnitten. Und Salz drauf. Dabei fielen Schüsse. Die Männer wurden ohne richterliche Grundlage sowie ohne ersichtlichen Grund in Marsch gesetzt und hier eingesperrt. Sie wurden von tschechischen Milizen, von Wachen und Lagerbevollmächtigten geprügelt, gequält, misshandelt und nach Belieben getötet. Die Rotgardisten hielten sich für die Vollender und Vollstrecker der kommunistischen Weltrevolution, Wegbereiter eines Bauern- und Arbeiterparadieses. Das Kriegsende war für sie nicht das Ende des Krieges, sondern bedeutete permanente Fortsetzung ihres Kampfes gegen die deutsche Zivilbevölkerung im Sudetenland."

Langsam liest er Josef diese Zeilen vor. Er zögert beim Lesen.

Trotzdem. Er liest alles, jedes Wort.
Jesses, Gott, klingt das schlimm,
ruft Josef entsetzt.
Aber wahr ist´s! Das ist keine Lüge. So war es genau! Viele
Zeugen gibt es. Manche leben noch. Eigentlich sind es sehr
viele, die das bezeugen können. Und vieles ist von ihnen zu
Papier gebracht worden. Es existieren Bücher darüber.

✳   ✳   ✳

Nach Stunden waren sie an Ort und Stelle angelangt. Sie standen am Rande eines Abgrunds. Wortlos. Da bleiben einem
jeden Betroffenen die Worte im Halse stecken. Fünfunddreißig
Meter stürzt hier senkrecht der Boden in die Tiefe ab. Die
Moster sowie die ehemaligen Brüxer bezeichnen dieses Vacu-
um der Vernichtung als das „Brüxer Loch".
An dieser Stelle stand achthundert Jahre lang die stolze Stadt
Brüx, die „Königliche Stadt". Übrig blieb ein entleerter Tage-
bau, eigentlich ein Tagebau, der zum Museum erklärt werden
sollte. Das Ergebnis menschlicher Irrtümer, das diabolische
Meisterstück einer Naturverschandelung, oder gar ein Mei-
sterstück menschlicher Raubgier und künstlicher Rostästhetik?
Wohl alles zusammen.
Erst jetzt bricht Edgar das bedrückende Schweigen:
Jedesmal, so sagte er laut,
als wir, das heißt meine Mutter mit mir Achtjährigen, von
Teplitz nach Brüx fuhren, konnten wir bereits vom Bahnhof,
vom breiten Perron, vom dritten Gleis aus, diesen Schloßberg
mit den Stadttürmen davor sehen. Sie nahm mich fester an die
Hand, und sie sagte jedes Mal dieselben Sätze: Jetzt geht´s zum
Schmejkalplatz. Der ist nur um die Ecke. Da müssen wir hin.
Denn da wohnt deine Großmutter Agnes. Merk´ dir gut diesen
Weg. An der Toreinfahrt riß ich mich geschickt von ihrer Hand
los und schoß wie ein Pfeil die beiden Stockwerke hinauf. Im
Treppenhaus hallte es von meiner Stimme wider. Dabei schrie
ich ihr aus Leibeskräften „Großmutter" entgegen, und „wir
sind schon da!"

138

In ihrer Küche saß ein Mädchen mit blonden langen Zöpfen. Sie malte hauptsächlich Engel und hatte eine schnurrende Katze neben sich auf der Küchenbank. Das war meine Cousine.

Eine lange Pause entsteht. Sie starren beide auf den Boden. Was diese Erde alles erträgt!
Danach treten die beiden schweigend den Rückweg an.
Herr Edgar, würden Sie mitkommen, mitkommen nach unserem Litvinov, um meine Familie zu besuchen, wenigstens auf einen Sprung? Bevor Sie zurückfahren? Würden Sie das?
Wie unsicher und flehendlich Josef diese Worte hervorgebracht hatte.
Edgar schob den Gedanken an seine Großmutter beiseite, auf den zu erwartenden Brief. Es sah fast so aus, als ignoriere er die Bitte von Josef. Wie könnte Edgar den klagenden Ton Josefs überhören?

In der Ferne bauen sich im Gegenlicht die sechs besagten Berge auf. Eine Hügelkette, als würden sie sich wie Geschwister die Hände reichen wollen. Den siebten Hügel aber haben sie im Rücken. Der wird von der Herbstsonne sanft berührt. Die Burg auf ihm leuchtet wie eine Krone. Ihr Schimmer weist weit in die Ebene hinaus. Strahlen von goldenen Samen ergießen sich über das Land, den Fluß, die Berge. Sie haben Flügel. Der Himmel, dieses gewaltige Luftmeer, hat die verschiedensten Farbtönungen angenommen. Ein Farbenrausch. In den Herbsttagen fallen die Couleurs besonders klar und intensiv aus. Man spürt schon, dass die Tage allmählich kürzer werden, dass die Schatten bläuliche Streifen werfen, dass diese wie ein Schleier über die Großlandschaft hinweg ziehen, dass hier eine Kraft am Werke ist, so breit wie ein flüchtendes Heer. Aber ohne Laut. Der Wandel der Jahreszeiten macht sich fühlbar bemerkbar, verführt zu einem letzten Aufflammen in der Natur, so als wäre alles eitel Musik geworden. In den Menschen und außerhalb der Menschenseelen. Ein Finale. Nirgends kann es einen solchen Himmel mehr geben,
flüstert Edgar,
als hier.

Er sagt das so leise, als ob es niemand außer Josef hören sollte.
Das dauert so lange, mein Freund, bis an einem Novembertag die Windsbraut die Zügel in die Hand nimmt,
bemerkt Josef.
Sie kennen doch diese Sage auch?
Edgar nickt.
O, ja! Diese Windsbraut, sie fegt vom Gebirge herab. Auf schneeweißen Rössern. Zerteilt die Wolkenlast, die dunkle. Die Luft ist eisig. Hat man Ihnen die Legende so erzählt? Und wen sie ergreift, den packt sie für immer an den Haaren und schleift ihn mit sich übers Land. Der muß dann elend sterben. So war doch die Legende?

„Dann war das alles nur ein Traum",
schreibt Edgar M.N. nieder.

„Und die Farbenpracht der vielen Sommer ist wie weggefegt. Der Duft der schweren Erde mit ihnen. Dann zieht vom Gebirge her, vom Norden, dem eisigen Meister, ein weißes Weben über den weiten Talkessel hinweg. Langsam. Deckt die Wunden und Scharten dieser gequälten Erde für einige Monate mildtätig zu. Für eine ganz kurze Zeit. Für eine ganz kurze Zeit. Bis es wieder Frühling wird, und ein neues Hoffen die Erde bedeckt."
Sagen Sie jetzt nichts. Nur noch eine Frage: Werden Sie nächstes Jahr wieder kommen?

Jedenfalls hinterlegte zwei Tage später, wie beobachtet wurde, ein Zisterziensermönch in einem geschlossenen Umschlag beim Hotelportier eine Nachricht. Sie musste von hohem Wert für den Deutschen sein, denn der hatte nichts anderes zu tun, als nach Erhalt dieses Kuverts hinauf in sein Zimmer zu rennen. Auch das ist beobachtet worden, wie alles andere vorher, was ihn betraf, diesen zurückgekehrten Deutschen. Man hatte ihn während der ganzen Reise nicht aus den Augen gelassen. Man hatte ihm geschickt nachspioniert, wie er mit einem Tschechen herumlief, der als unverdächtiger Gärtner bisher galt, wichtige Stationen von Most besuchte, und in der Öffentlichkeit mit Tschechen sprach. Und dass sie deutsch redeten, wurde vermerkt. Auch wie die beiden nach Teplitz fuhren, waren sie dabei, dabei wie Geier. Nichts Besonderes, nichts Verdächtiges fand man bei dem Deutschen. Nur eine Vorsichtsmaßnahme vom Sicherheitsdienst, ein überflüssiges Relikt aus dem kollektiven Repertoire einer gescheiterten und in den Wolken schwebenden kommunistischen Weltenordnung. Für einen Sicherheitsdienst gibt es keinen Urlaub, keine freie Minute zum Nachdenken, keine von Schlaf gesegnete Nacht. Die traurigen Spionierer haben omnipräsent zu sein und dabei völlig unsichtbar zu bleiben. Ein überflüssiges Gesindel der unbequemsten Sorte, pauschal gesagt. Da wird jeder Fremde erst einmal verdächtigt, besonders wenn er Deutscher oder Ungar ist, er wird bespitzelt und mit Misstrauen verfolgt. Da wird notiert, da werden Karteien angelegt, was das Zeug hält. In Zimmern werden als Zugabe Wanzen angebracht. An den unmöglichsten Stellen. Im Bad, in der Lampe, am Sofa und an den Kopfkissen. Da werden Dinge festgehalten, hinzugedichtet bis –gelogen, die jeder Beschreibung spotten. Und auch Papier ist geduldig, was sich hier bewahrheitet. Man kann es verbrennen. Es hilft nicht. Irgendwo tauchen neue Spuren davon auf.

Oder ist es ganz anders gewesen?

Nur wen interessiert das, der dabei ist, einen Roman zu schreiben?

Mit Sorgfalt öffnet er das Kuvert. Nein, er hat keine Eile. Ganz gleich wie auch immer diese Nachricht ausfallen wird. Es ist ein kleiner Brief, und es war am darauf folgenden Tag. So schnell hatte er diese Zeilen eigentlich gar nicht erwartet: Der Abt hatte diese handschriftlich verfasst.

„Mein Sohn, Dir, Gott zum Gruß!

Graf Waldst. hat sie nicht anerkannt. Trotzdem, diese Agnes, geboren am 2.März 1887 in Wiesa, war seine leibliche Tochter. Das steht fest.

Unterschrift und Stempel mit Klosterwappen."

Lange war er mit dem Schreiben in der Hand dagestanden. Von draußen drangen verschiedene Geräusche auf ihn ein, die zu diesem Ort eben gehörten. Es waren die Klänge seiner Jugendzeit. Er hatte sich diese Klarheit wie lange schon gewünscht. Jetzt da er mit Gewissheit diese Nachricht in den Händen hielt, das Blatt zusammenfaltete, schien ihm das alles plötzlich nicht mehr so wichtig.

In dieser Nacht dachte er nur noch an Heimfahrt. Nach Deutschland zurück, nach Bayern, auf dem schnellsten Weg nach Westen. Kein Gedanke mehr an Schloß Eisenstein. Kein Halten mehr an anderen Orten Böhmens. Josef würde ihm seine plötzlich Eile verzeihen. Josef ist sein Freund geworden. Er würde ihm alles schreiben. Die Ereignisse der letzten Tage rückten alles Weitere weg, so weit weg von den ihm einst so behüteten Bildern. Diese zerstoben wie brüchig gewordene Vorhänge. Sie wurden zu einer anderen Ebene in seinem Leben. Sie wurden endlich Vergangenheit, zu seiner persönlichen. Still öffnete er das Fenster. Wind ging. Kühle wehte ihm aus der Dunkelheit entgegen. Ein Zittern überkam ihm beim Anblick der Höllenfeuer dort drüben vor dem Gebirge. Trotzdem, er würde das Buch seiner Kindheit schreiben, er würde erzählen, erzählen, er würde dieses Wagnis unternehmen, aber anders, heute bestimmt anders. Das Wunderland Böhmen, das es einst war.

Die Präsenz der Vergangenheit, wie anhänglich, ja, wie zäh sie im Dasein eines Einzelnen sein kann. Wie unumgehbar für jeden Menschen. Auch dann, wenn der Schriftsteller Edgar M.N. sein Buch geschrieben haben wird, wird es weiter rollen, immer weiter , was es auch sein mag. Es ist nicht erklärbar.

SCHLUSS

Über alledem der Lichterglanz, das Giftleuchten der Gaslei-
tungen, der Abgesang einer „Kohle-Kultur". Der Gesang der
feuergeschmückten Gasabbrennrohre. Denn man kann dieses
nur als einen Lichtertanz einer modernern Ästhetik begreifen.
Voller Verderbnisse.
Trotzdem: Gott schütze dieses Land!

„Es war einmal ...",
so die Pontanus-Saga, die in lateinischen Hexametern vom
Tempe-Tal berichtet, von einer besonnten arkadischen Landschaft, eher deshalb von einem persönlichen Lobgesang ihres
Poeten auf diese von der Natur so bevorzugten archaischen
Erde. Der Domherr, Georg Barthold Pontanus zu Breitenberg,
schrieb und schrieb an diesem Epos seit Jahren. Diese Verse
zu Papier zu bringen war ihm ein hohes Bedürfnis. Das darf
von den ehemaligen Bewohnern seiner Stadt in ihrer neuen
Heimat nicht vergessen werden. Der Dichter gab ihm den
Titel „Bruxia" zurecht. Denn er hat es eigens für die Brüxer
geschaffen, sein Lebenswerk, sein Vermächtnis. Und es ist
alles, was diese Menschen mitgenommen haben in ihre neue
Heimat. In diesen Zeilen weht uns die Geschichte mächtig an.
Der Dichter erzählt von Fruchtfeldern, von Wein und Weizen,
von der Urbarmachung jenes Bodens. Er berichtet von den
Werken ihrer Bewohner, von dem Land als einer Wiege arbeit-
samer und frommer Menschen, von ihren Bedrängnissen, von
den Einfällen der Feinde ins Land, die den Frieden der Menschen störten, er erschafft einen eigenen Kosmos, ein kleines
umgrenztes Reich wie einen Garten Eden. Dieser Erde sind
solche Gebilde tausendfach begegnet. Nur sie durften nicht
bleiben. Sie mussten vernichtet werden. Zerstörungen folgen
auf Zerstörungen:

Stadtbrände, Klosterschändungen, Hungersnotkatastrophen,
Hussiten, die Schweden. Die Fortsetzung schuf die weitere
Geschichte: Überfälle von Nachbarn, Raubzüge und Brand-

schatzen, Schwemmsandkatastrophen, Kohleabbaufelder, Bergwerksunglücke, Bomben von Amerikanern und Engländern, der Donner der Flakgeschütze, Plünderungen von Russen und Tschechen, Vergewaltigungen, Verschleppungen, Razzien, Todesmärsche, Edvard Benesch, Massaker von Tschechen an Deutschen, die Vertreibung der Deutschen, das letzte Schreien unzähliger Opfer, der Rote Stern des Kommunismus und sein missratenes kollektives Paradies auf Erden; Geschichtsverfälschungen, Erdverschiebungen, apokalyptische Giftwolkenströme, das Sterben der Bäume in der Natur. Das Sterben der fruchtbaren Äcker. Das Zerstören unwiederbringlicher Kulturwerte. Die Zerstörung einer ganzen Stadt! Was hat diese Erde nur alles ertragen müssen! Über dieses nordböhmische Land, einst von dem Poeten Pontanus besungen, fegt noch in unseren Tagen ein scharfer, ein heißer, ein verheerender Sturmwind der Geschichte hinweg. Die Geschichte wird neu geschrieben werden müssen. Es kocht an allen Ecken und Enden. Es brennt. Wie soll das weitergehen?

Sagt, was habt ihr daraus gemacht?
Sagt, wann endlich werden die Wunden dieser Erde heilen dürfen?

Gott schütze dieses Land und seine Bewohner!

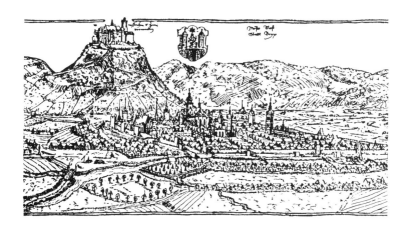

VITA

DORIS STÖSSLEIN

Geborene Ehrlich, 1935 in Brüx, heute Most, Nordböhmen.
Sie lebt heute in 90768 Fürth/Bayern. Zwei Söhne.
Bildungsgang: Abitur in Alsfeld/Oberhessen. Kunststudium
von 1957 bis 1961 an der Kunstakademie in Kassel. Studium
der Malerei bei Professor Arnold Bode. Kunstgeschichte,
Psychologie, Deutsch. 1. und 2. Staatsexamen für das Höhere
Lehramt in Kunsterziehung. Referendariat in München. Von
1961 bis 1995 im Höheren Lehramt für Kunsterziehung. Von
1969 bis 1995 als Oberstudienrätin am Heinrich-Schliemann-
Gymnasium in Fürth.

1997 „Sonderpreis des Internationalen Lyrikwettbewerbs" in
Pästum/Poseidonia, Italien
2004 „Diplom Omaggio a Dante Aligheri", Edizione Universum, Rocca di Capri Leone, Italia

Veröffentlichungen:

1985   „Appell an Apoll", Lyrik mit Zeichnungen, Haller Verlag, Fürth

1988   „Testflug", Kurzprosa mit Federzeichnungen, Schirmer Verlag, Nürnberg

1992   „Die Deppenburg", Satirischer Roman, ABZ-Verlag, Fürth
„Funkenflüge", Lyrikband, Hohenloher Druck- und Verlagshaus, Gerabronn

1996   „Die Grenzgänger" Erinnerungen einer Brüxer Autorin, Roman, Snayder Verlag, Paderborn

1997   „Die Grenzgänger" wurden von der Germanistin, Erika Synkova, Brüx/Most, Tschechien, ins Tschechische übertragen

1998   „Eine Brücke aus Worten" Zeitenwende (Untertitel), Lyrikband, Snayder Verlag

2000   „Rückkehr der Bilder", Lyrik mit Computergrafik, Säulen Verlag

2003   „Silberkreuze", Roman, Langen Müller Herbig Verlag, München

2004   „Der Zug fuhr nach Westen", Erzählung, Redaktion Brüxer Heimatzeitung, Forchheim

2005   „Bilder der Erde", Lyrik mit Computergrafik, Herausgeber Autorengruppe Franken

1995   Herausgeberin der Gedok-Franken-Anthologie „Diesseits und jenseits der Worte", Artefrank Verlag

1996   Mitherausgeberin der Zeitschrift „Faszination Wort" der Autorengruppe Franken, Säulen Verlag

1995   Initiatorin der „Autorengruppe Franken" AF

Ab 1994   Auszüge aus meinen Büchern über die Stadt Brüx, vorwiegend im heimatlichen Dialekt in der Brüxer Heimatzeitung, Redaktion R. Stahl, sowie seit 2001 Romanauszüge aus „Silberkreuze"

Vertreten in zahlreichen Anthologien im In-und Ausland, übersetzt ins Italienische und Tschechische, Beiträge in Kunst- und Kulturzeitschriften, Rezensionen, Jurorentätigkeit, ständige Mitarbeiterin bei der Brüxer Heimatzeitung. Vertr. in der Lyrikbibliothek der Karl-Krolow-Gesellschaft, Tübingen, in der Bayerischen Staatsbibliothek; Buchausstellungen bei den Freudenstädter Lyriktagen, im Verlagshaus, Gerabronn. Auf der Frankfurter Buchmesse 1996, 1997, 2003.

Seit 1995 Freie Schriftstellerin

Mitgliedschaften: Autorengruppe Franken AF, Verband Fränkischer Schriftsteller VFS, Künstlergilde Esslingen, Künstlergruppe „Der Kreis" e.V., Theaterverein Fürth, Brüxer Heimatgemeinde e.V.

Lesungen: Einzellesungen aus eigenen Büchern, Schullesungen, Teilnahme an Gruppenlesungen, Vernissagen, Lesungen bei Vernissagen:
Ansbach, Augsburg, Dechsendorf, Eckenhaid, Erlangen, Freudenstadt, Fürth, Bad Kissingen, München, München-Eching, Nürnberg, Ochsenfurt, Wilhermsdorf

Druckreif liegen vor:
Ein viertes Buch über die Stadt Brüx, einer Industriestadt in Nordböhmen. Beiträge zur Heimatforschung: Deutsches Namensregister, Worte- und Redewendungen-Sammlung, Mundartgeschichten, Geschichtliches, Gedichte, nacherzählte Sagen aus der Stadt Brüx und ihrer Umgebung. 240 Seiten.

„Die Flut", Erzählung, 50 Seiten

„Der Bote Anubis", Roman, 200 Seiten

MALERISCHES SCHAFFEN:

1960 Katalogpreis der Werkakademie Kassel
1973 Kulturförderpreis der Stadt Fürth für Malerei.

Themenkreise: Radierungen (Aquatinta), Griechenlandzyklus, Aquarellserien u. a. Spiegelungen, Bäume, Landschaftsformationen/ Großlandschaften, Südliche Landschaften in Farbe, Phantastische Landschaften, Naturzeichnungen, U-Topos-Bilder, Bilder mit dem Element Wasser, das kleine Landschaftsbild, Air-brush, Ölmalerei, Symbolbilder mit dem Titel „Zwischen Himmel und Erde", Computerbilder.

Zehn gemalte Bücher, das Künstlerbuch: (Buchunikate in Leinen handgebunden):

1993 „Bilder der Erde".(Tunesienbuch mit Gedichten und Aquarellen)

„Im Zeichen Mallorquins". (Erste Symbolmalerei)

„Der Hexenspiegel" (Malerei (Symbole) mit Texten)

1994 „Das Buch der Göttinnen und Magier" Großformat (Symbole, Zeichen, Texte)

1995 „Mythos Mond". (Symbole, Zeichen, Texte)

„Isis" (Lyrik, Symbole, Zeichen)

„Windharfe" (Lyrik, Symbole, Zeichen)

1996 „Der Geist, der stets verneint" (Symbole, alte Zeichensammlung, Texte)

„Das zweite Paradies" (Garten am Nachmittag), Symbolmalerei.

„Das Buch der Himmel und der Paradiese" Großformat (Symbole, Zeichen, Texte)

Mitgliedschaften: Nürnberger Künstlergruppe „Der Kreis"
e.v., Erlanger Kunstverein e.v., Esslinger Künstlergilde, Kulturring C Fürth.

Ausstellungstätigkeit ab 1960:
(Über 90) Einzel/Gruppenausstellungen in: Altdorf, Bayreuth, Berlin, Bijelina, Burgfarrnbach, Erlangen (mehrfach), Hamburg, Höchststadt, Kassel, Landau, Mailand, München, Neapel, Nürnberg (mehrfach), Paris, Plassenburg (mehrfach), Pommersfelden (mehrfach), Roth, Schweinfurt, Wiesbaden, Würzburg, und mehrfach in Fürth/Bayern.
Mehrjährige Tätigkeit als Jurorin, Vernissagen, Lesungen bei Vernissagen, Galeriearbeit.